NBA 经典进攻战术解析

曹冬 单曙光 著

人民体育出版社

图书在版编目（CIP）数据

NBA经典进攻战术解析 / 曹冬，单曙光著. -- 北京: 人民体育出版社, 2011（2021.12重印）
ISBN 978-7-5009-4083-8

Ⅰ.①N… Ⅱ.①曹… ②单… Ⅲ.①篮球运动—进攻（运动技术）—研究—美国 Ⅳ.①G841.19

中国版本图书馆CIP数据核字(2011)第116305号

*

人民体育出版社出版发行
国铁印务有限公司印刷
新 华 书 店 经 销

*

880×1230 32开本 6.75印张 170千字
2011年10月第1版 2021年12月第5次印刷

*

ISBN 978-7-5009-4083-8
定价：24.00元

社址：北京市东城区体育馆路8号（天坛公园东门）
电话：67151482（发行部） 邮编：100061
传真：67151483 邮购：67118491
网址：www.sportspublish.cn
（购买本社图书，如遇有缺损页可与邮购部联系）

前 言

篮球进攻战术，在这里特指进攻过程中球队整体进攻战术打法的实施方式。它所涉及的是进攻阵容五名队员的整体技术与整体进攻战术的关系。两者的关系是：进攻阵容五名队员的整体技术是整体进攻战术的基础；而整体进攻战术则是发挥进攻阵容五名队员整体技术的最好进攻方式。在实战中，各支球队进攻阵容由各自不同的五名队员组成，形成各自不同的整体进攻技术类型，并由此决定各进攻阵容实施不同的主要进攻战术。

譬如：洛杉矶湖人队拥有高大进攻阵容，并具有"三角进攻"的传统，因此它实施"以内线进攻为主"的进攻战术。圣安东尼奥马刺队具有"双塔进攻"的传统，因此它也坚持执行"以内线进攻为主"的进攻战术。虽然两队整体进攻战术的具体实施方式不同，但两队"以内线进攻为主"的战术理念却是一致的。而"以内线进攻为主"的战术理念也是美国篮球一贯坚持的战术思想。

拥有"小而灵"进攻阵容的太阳队，具有快速、灵活、准确的进攻传统，因此，它并不"舍己之长"地强行争夺篮下优势，而是发挥快速、灵活、准确的整体技术特点，采取"跑轰"的进攻战术。在攻守转换之时，它运用"追着打"的进攻方式，当对手防守阵型未稳之时，果断进攻；在阵地进攻时，它也利用快速、灵活的掩护和移动，创造外线进攻机会，果断进行外线攻击。这是一种"以外线进攻为主"的战术理念。它虽然有悖于美国篮球传统的战术思想，但它却"从实际出发"，能够充分发挥自己进攻阵容的整

体技术优势，创造出最大的进攻战术效益，并且开创了一种"以外线进攻为主"的全新战术思想。

值得关注的是：无论是"以内线进攻为主"的"三角"进攻战术、"双塔"进攻战术，还是"以外线进攻为主"的"跑轰"进攻战术、"普林斯顿"进攻战术，都以其能够创造进攻高效率的本质特征，成为NBA经典进攻战术。而它们之所以能够创造进攻高效率，其根本原因在于它们都符合篮球进攻的规律。譬如："三角"进攻战术、"双塔"进攻战术等"以内线进攻为主"的进攻方式，符合"离篮圈越近，则投篮命中率越高"的篮球进攻规律。这是一种符合高大进攻阵容发挥整体技术优势的篮球进攻规律。"跑轰"进攻战术、"普林斯顿"进攻战术等"以外线进攻为主"的进攻方式，符合"离篮圈越远进攻，则防守强度越小，越容易形成良好投篮时机"的篮球进攻规律。这是一种符合"小而灵"进攻阵容、发挥整体技术优势的篮球进攻规律。正是因为这些进攻战术的运行方式符合篮球进攻规律，所以这些进攻战术在实战中广为运用、效果显著，成为NBA经典进攻战术。

一种经典的进攻战术，必然会被与建立这种战术的原型球队阵容相似的球队共同欣赏、借鉴和运用。其原因是：阵容相似球队的进攻方式，都要符合发挥其整体技术优势的篮球进攻规律。因此，一支球队有效而合理的进攻方式，势必为与其相似球队在进攻时所采用。譬如："高位挡拆"进攻方式，通过让高大内线队员拉到高位的方法，使防守方的内线区域处于"空虚状态"，这就给队员运球突破的技术发挥创造了最好的攻击环境。在这种环境下，凭借优秀的身体条件发挥技术，是NBA赛场最为提倡的进攻方式，也是NBA球队和队员最为突出的技术特点。因此，高位挡拆几乎为所有NBA强队所采用，并成为NBA队员最流行的进攻方式。亦因此，"高位挡拆"进攻方式引领着NBA球队进攻战术的发展趋势。再譬如：由中锋在罚球线策应的进攻方式，以及投篮队员通过移动

掩护接球投篮的进攻方式，都是因为它们符合篮球进攻的规律，成为"经典"的进攻战术，而被 NBA 强队广泛运用，效果显著，并引领着 NBA 球队进攻战术的发展趋势。

"经典"进攻战术虽为大多数球队所共用，但以下几点可以从本质特征上区分各支球队所特有的进攻风格：第一，不同球队侧重使用不同的"经典"进攻战术。譬如：马刺队在实战中侧重使用"双塔"进攻方式；太阳队在实战中侧重使用"跑轰"进攻方式。第二，由于不同技术特点的队员来执行同一种进攻方式，则使这种进攻战术侧重不同的攻击方式。譬如：帕克在"高位挡拆"中，主要运用快速运球突破的方式进行攻击；而纳什在"高位挡拆"中，则利用对手"换人"后出现"错位防守"的情况时，进行外线远射。第三，由不同位置的队员执行主要进攻任务，则使同一种进攻战术侧重不同的进攻点。譬如：在对手主要防纳什攻击的情况下，纳什与小斯进行"挡拆"，则侧重小斯这一点的冲击式篮下攻击；而纳什与弗莱进行"挡拆"，则侧重弗莱这一点的远射攻击。以上特点决定了：使用相同的进攻方式，却呈现出不同的进攻战术特点，并表现出不同的进攻风格，这是 NBA 经典进攻战术"共性中的个性"。

图示与符号

1. **进攻队员**

   ① ② ③ ④ ⑤

2. **持球进攻队员**

   ① ② ③ ④ ⑤

   ● 投篮队员

3. **进攻中队员之间的传球、运球与无球移动**

   ①┈┈▶② 　队员①向②传球

   ①∿∿▶ 　队员①运球

   ①───▶ 　队员①无球移动

4. 综合进攻行动

④传球给②，去给③掩护，③利用④的掩护，向有球区移动。

④为②做掩护，②利用④的掩护运球突破，④为②掩护后转身切入。

目 录

第一章 "双塔"进攻战术 …………………………… (1)

第一节 "双塔"进攻战术理念 …………………… (1)
一、传统的"双塔"进攻战术理念 ……………… (1)
二、对"双塔"进攻战术理念的承继与创新 ……… (3)

第二节 传统的"双塔"进攻战术 ………………… (5)
一、"双塔"同侧挂插进攻方式 ………………… (6)
二、"双塔"内外结合的进攻方式 ……………… (8)
三、"双塔"策应进攻的方式 …………………… (9)
四、本节结语 …………………………………… (16)

第三节 新型"双塔"进攻战术 …………………… (17)
一、"双塔"内线强攻的进攻方式 ……………… (17)
二、"双塔"互相策应攻击的进攻方式（一）…… (18)
三、"双塔"互相策应攻击的进攻方式（二）…… (20)
四、"双塔"低位策应攻击的进攻方式（一）…… (22)
五、"双塔"低位策应攻击的进攻方式（二）…… (24)
六、本节结语 …………………………………… (26)

第四节 以"高位挡拆"形成内线攻击威胁的进攻战术
………………………………………………… (26)
一、"高位挡拆"后直接攻击的进攻方式 ………… (27)

二、"高位挡拆"后中锋空插攻击的进攻方式 …… (28)

三、"高位挡拆"后策应攻击的进攻方式 …… (30)

四、"高位挡拆"突分远投的进攻方式 …… (32)

五、"高位挡拆"后中锋策应远投的进攻战术 …… (34)

六、本节结语 …… (36)

第二章 "跑轰"进攻战术 …… (37)

第一节 "跑轰"进攻战术理念 …… (37)

一、一种反"传统"的进攻战术理念 …… (37)

二、"跑轰"战术的主要进攻时机 …… (38)

三、"跑轰"进攻模式的战术特点 …… (39)

第二节 "跑轰"战术的快攻与"追着打"的进攻方式 …… (43)

一、"跑轰"战术快攻与"追着打"的发动方式 … (44)

二、"跑轰"战术快攻与"追着打"的推进方式 … (46)

三、"跑轰"战术快攻与"追着打"的攻击方式 … (48)

四、本节结语 …… (53)

第三节 移动掩护投篮的进攻方式 …… (53)

一、长距离、大范围、多掩护移动接球投篮的进攻方式 …… (54)

二、移动后再配合攻击的进攻方式 …… (58)

三、内线队员移动掩护攻击的进攻方式 …… (59)

四、本节结语 …… (61)

第四节 连续"挡拆"的进攻方式 …… (61)

一、连续"挡拆"突分远投的进攻方式 …… (62)

二、"挡拆"后由中锋策应远投的进攻方式 …… (66)

三、"挡拆"突分后快速传球远投的进攻方式 …… (68)

四、连续掩护的"挡拆"突分远投的进攻方式 …（70）
　　五、"挡拆"后再运球突破攻击的进攻方式………（72）
　　六、本节结语 ………………………………（74）
　第五节　内线队员"冲击式"攻击的进攻方式 ……（75）
　　一、"高位挡拆"后内线队员冲击式攻击的进攻方式
　　　　……………………………………………（76）
　　二、内线队员之间策应攻击的进攻方式 ………（78）
　　三、"挡拆"后策应中锋攻击的进攻方式 ………（79）
　　四、本节结语 ………………………………（82）
　第六节　内线队员外拉远投的进攻方式 ……………（83）
　　一、"高位挡拆"后传另一外拉内线队员远投的
　　　　进攻方式 ………………………………（84）
　　二、"高位挡拆"后快传外拉内线队员远投的
　　　　进攻方式 ………………………………（86）
　　三、连续"挡拆"后内线队员策应远投的进攻方式
　　　　……………………………………………（88）
　　四、内线队员移动中投的进攻战术 ……………（90）
　　五、本节结语 ………………………………（92）
　第七节　"错位"攻击的进攻方式 ……………………（92）
　　一、移动换位后内线队员"以大打小"的进攻方式
　　　　……………………………………………（93）
　　二、形成"错位"后外线远投的进攻方式 ………（95）
　　三、形成"错位"后外线运球突破的进攻方式 …（97）
　　四、本节结语 ………………………………（98）

第三章　三角进攻战术 ……………………………（100）
　第一节　三角进攻战术理念 …………………………（100）

第二节 "大进攻三角"的进攻方式 ……………… (103)
  一、篮下强攻的进攻方式 …………………… (104)
  二、内线队员策应上篮的进攻方式 ………… (106)
  三、内线队员策应远投的进攻方式（一）…… (108)
  四、内线队员策应远投的进攻方式（二）…… (110)
  五、内线队员策应"内攻"的进攻方式 ……… (112)
  六、本节结语 …………………………………… (114)

第三节 "移动三角"的进攻方式 ………………… (115)
  一、"移动"篮下强攻的进攻方式 …………… (116)
  二、"移动"内线队员策应远投的进攻方式 … (118)
  三、"移动"内线队员策应内攻的进攻方式 … (120)
  四、"移动"式内线队员进攻方式 …………… (122)
  五、本节结语 …………………………………… (124)

第四节 "换位"三角进攻方式 …………………… (125)
  一、"换位"内线强攻的进攻方式 …………… (126)
  二、外线策应内攻的进攻方式 ……………… (127)
  三、三角"转移弱侧"传切的进攻方式 ……… (129)
  四、"换位"策应远投的进攻方式 …………… (131)
  五、"避实就虚"的进攻方式 ………………… (133)
  六、本节结语 …………………………………… (135)

第四章 普林斯顿进攻战术 ……………………… (137)

第一节 普林斯顿进攻战术理念 …………………… (137)
第二节 普林斯顿进攻战术实例解析 ……………… (140)
  一、普林斯顿进攻战术之高位篇 …………… (140)
  二、普林斯顿进攻战术之低位篇 …………… (154)
  三、普林斯顿进攻战术之反跑、空切篇 …… (163)

四、普林斯顿进攻战术之机动进攻篇 ………… (176)
五、普林斯顿进攻战术之特殊时间打法篇 ……… (184)
六、本节结语 ………………………………………… (192)

第五章　结束语 ……………………………………… (196)

参考文献 ……………………………………………… (199)

第一章 "双塔"进攻战术

"双塔"进攻战术是一种由"以内线进攻为主"进攻理念为战术指导思想，以两个内线攻击重点（可以由两个高大内线进攻队员组成两个内线攻击重点；也可以由一个高大内线进攻队员与其他队员组成两个内线攻击重点）为主体构架，设计的具有丰富战术内容和攻击形式的"以内线进攻为主"的进攻方式。

第一节 "双塔"进攻战术理念

一、传统的"双塔"进攻战术理念

从篮球运动发展历程看，人们最先明白的规律，是内线优势的规律，因为高大内线队员最容易获得离篮圈近的投篮时机，而离篮圈越近投篮，才越能获得投篮的高命中率。于是，人们普遍追求"内线进攻为主"的进攻模式，追求"中锋制胜"的进攻战术打法。随着对高大内线队员采用多人"包夹"防守对策的出现，以及这种策略对高大内线队员攻击力的限制，人们认识到：要想获得"内线进攻优势"，不仅需要一个高大的内线攻击点，而且需要另一个高大的内线攻击点和强有力的外线多个攻击点的牵制与配合。唯其如此，才能使防守方顾此失彼、无法兼防进攻方内线强大的"两点进攻"。从而使进攻方获得真正的"内线进攻优势"。但是，如果两个内线攻击重点都是能够强攻硬打的"超高大"队员，那么进攻阵容的灵活性和进攻战术的机动性将受到严重的限制。这是因为，进攻阵容的灵活性主要受制于内线高大队员，高大内线队员是进攻阵容的"身体重心"，内线高大队员的灵活性、快速移动能力欠缺时，则整体进攻阵容的灵活性也相应欠缺；由守转攻时，整体进攻阵容会因为高大内线队员移动缓慢而延缓进攻速度；阵地进攻时，整体进攻阵容会因为高大内线队员无法进行大范围移动而使整体进攻方式的灵活性严重降低，并仅能进行"固定式"的"高举高打"阵地进攻。当内线有两个高大进攻队员时，进攻阵容的灵活性会更加降低，并因此丧失进攻战术的机动性。而这一点与倡导快速、勇猛、机动、灵活的美国篮球精神背道而驰，并为大多数 NBA 球队在实战中所摒弃。因此，两个内线攻击重点的设置，绝不是两个仅能强攻硬打的"超高大"内线队员；恰恰相反，两个内线攻击重点的设置，应该是两个灵活的、"能里能外"的内线高大队员。唯其如此，才能使两个内线高大队员之间，产生灵活的战术配合，才能使整体进攻阵容获得灵活性品质，内线队员与外线队员之间产生"互助效应"，从而使整体进攻战术更加机动、灵活与合理。

这也是格雷格·波波维奇"双塔"进攻战术的理论源泉和最初的理论形式。在它的指导下，"双塔"进攻战术模式应运而生。在大卫·罗宾逊未退役之前，在马刺队"双塔"进攻模式中，邓肯与罗宾逊这对"双塔"都是"能里能外"的灵活性内线高大队员。从技术上讲，两人都能拉到外线与队友进行战术配合，并在外线进行有效攻击。邓肯可以在中距离进行碰板投篮和运球突破攻击，并在外线策应，助攻队友。罗宾逊有准确的中距离投篮和运球突破攻击，也能在外线策应，助攻队友。两人的技术结构决定了两人既

第一章 "双塔"进攻战术

可以"能里能外"使进攻阵容灵活自如，又能够进行中距离攻击和外线策应，实现阵地进攻的"第二次组织"，使阵地进攻机动多变。进攻阵容内两名技术全面的灵活性内线高大队员的设置，不但没有降低阵容的灵活性和战术的机动性，反而使阵容更加灵活自如，并且具有身高优势，战术机动多变，且能够内外结合。

马刺队内线由罗宾逊和邓肯两人组成，"双塔"并峙，结合紧密，曾打出许多成功的内线进攻战术配合。而当防守方集全队之力、合围一名内线队员之时，另一名内线队员的移动进攻和外线准确的远投能力又得以充分发挥，"内线两点进攻"和"内外结合"共同使用，使防守方在内线防一点而忽略另一点，并且防内疏外，防外又疏内，内外不能兼顾。马刺队第一次夺冠，凭借的主要是内线"双塔"的进攻威力。

二、对"双塔"进攻战术理念的承继与创新

1. 对"双塔"进攻战术理念的承继

实际上，在一个进攻阵容中组合像邓肯与罗宾逊这样技术全面、灵活性很强的"双塔"是十分困难的。但是，在一个进攻阵容中组建一种由强攻型高大内线队员与技术全面、灵活型高大内线队员的内线组合，却是可以办到的。如今湖人队进攻阵容拜纳姆与加索尔的内线组合，就是这种"一强一灵"的"双塔"模式。它的阵容灵活性和进攻的机动性，远逊灵活型"双塔"模式，但是，它的内线进攻威胁却更胜于灵活型"双塔"组合。并且，它能够与杰克逊的"三角进攻"理念有机结合。形成一种内容更为丰富、进攻威胁更大的"以内线进攻为主"的进攻战术理念。

2. 对"双塔"进攻战术理念的创新

当大卫·罗宾逊退役之后，内线攻击威胁大减，并从此失去了传统的"双塔"进攻战术模式。但是，马刺队在罗宾逊退役之后，又连续两次"隔年"夺冠，反而显得更轻松自如。究其原因，可以看到：虽然马刺队失去了传统的"双塔"进攻战术模式的外型，但是它依然存留着"双塔"进攻战术模式的灵魂。它依然保留着两个内线进攻重点，以"高位挡拆"后运球突破攻击的方式，与另一个高大内线队员的组合，形成内线两个进攻重点的新形式。这种变化，使"双塔"进攻战术理念拥有了新内容，它主要表现为如下几种形式：

第一，它以"高位挡拆"后外线队员的运球突破攻击，代替内线高大队员的强攻硬打，以一种移动性"外线内打"的进攻方式，代替了固定性内线队员的"高举高打"。高位挡拆后，由于进攻方高大内线队员上提到高位，迫使防守方内线队员跟随防守，致使防守方内线出现"空虚状态"，这就为进攻方外线队员运球突破攻击提供了良好的进攻环境，同时为顺利实现"外线内打"提供了可能。而这种在移动和对抗中实现技术动作价值的进攻方式，更符合美国篮球的一贯传统和内在精神。

应该强调的是高位挡拆后，当进攻队员以快速运球突破与运球突破分球两种方式进行攻击，实现直接进攻或"由内传外"助攻远投进攻时，才能够替代"双塔"进攻战术的内线强攻与内线策应。而"高位挡拆"创造的其他进攻时机，以及进攻方在配合后进行的其他攻击变化，比如形成"以大防小"防守错位，进攻方乘机进行外线攻击等情况时，则与"双塔"进攻战术毫无关系。

第二，高位挡拆后，由于进攻方内线高大队员拉到外线，则使传统内线高大队员的高举高打，转变成由外向内的移动性冲击式篮

下攻击。比如邓肯、加索尔等内线高大队员由外向内的移动性冲击式攻击。这种内线高大队员的移动性攻击，主要有两种良好的配合时机，其一是高位挡拆后，当外线队员运球突破遇到防守队员的补防和拦阻时，进攻方内线高大队员掩护后转身插入，这时运球突破队员乘机分球给插入的队友，实现移动性内线进攻配合。其二是高位挡拆后，外线队员运球突破遇到防守队员的补防和拦阻时，运球突破队员传球给外线队友，创造外线远投机会。当防守方补防不及时，进攻方外线队员在"无严重干扰"情况下，果断投篮；当防守方积极补防并导致防御范围扩大、内线空虚时，进攻方内线高大队员乘机空插向篮下，接外线队友传球，进行移动性空切攻击。这两种内线高大队员的攻击，都要求内线高大队员进行移动性内线进攻。而这种移动性的战术配合与攻击方式，都更符合美国篮球所追求的在移动和对抗中实现技术动作价值的内在精神。

综上所述，内线移动性攻击方式与固定性攻击方式的战术本质是一样的，都是寻求"离篮圈最近距离的合理投篮时机"。从表面上看，完成攻击任务的是外线队员，但外线队员移动性攻击的出手地点都在"离篮圈最近的距离"的位置上，都在进行实质上的内线进攻。而这种移动性的内线进攻，反映了美国篮球追求在移动和对抗中实现技术动作价值的内在精神，也反映了篮球运动战术发展的某种趋势。

第二节 传统的"双塔"进攻战术

由两名能里能外、技术全面的内线进攻队员组成的灵活性"双塔"，以及围绕"双塔"设计的阵地进攻战术，即为传统的"双塔"进攻战术。在这种进攻战术中，两名内线进攻队员机动、灵活，既能在内线强攻和巧打，又能在外线进行中距离投篮和外线策应，实现对阵地进攻的"第二次组织"。内线"双塔"的设置，使进攻阵容灵活自如，又具有身高优势，使进攻战术机动多变，又能够"内外结合"。传统的"双塔"进攻战术主要包括以下几种方式。

一、"双塔"同侧挂插进攻方式

(1) 参战阵容

①约翰逊（控球后卫）；　　②吉诺比利（攻击后卫）；
③鲍文（小前锋）；　　　　④邓肯（大前锋）；
⑤罗宾逊（中锋）。

(2) 战术进行过程

如图 1-1-1 所示，约翰逊传球给鲍文后，迅速移动到底线；与此同时，邓肯利用罗宾逊的掩护，挂插向另一侧罚球区腰部。

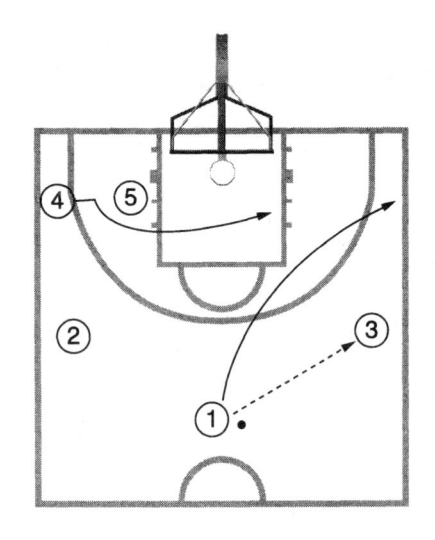

图 1-1-1　"双塔"同侧挂插进攻战术

第一章 "双塔"进攻战术

如图 1-1-2 所示，鲍文传球给移动到底线的约翰逊；此时，利用挂插摆脱防守的邓肯，恰好移动到罚球区腰部。约翰逊"恰到好处"地传球给邓肯，邓肯利用娴熟的篮下进攻技术，进行攻击。

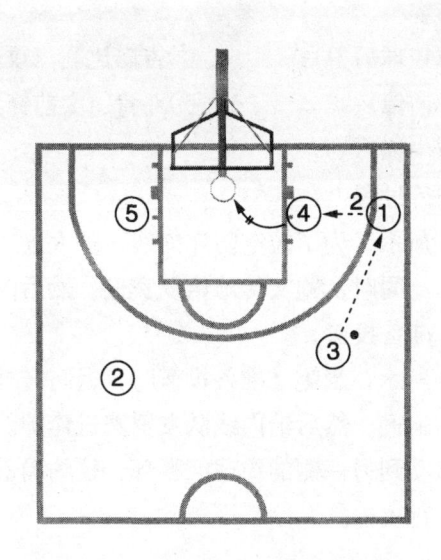

图 1-1-2 "双塔"同侧挂插进攻战术

（3）战术解析

这种进攻战术的关键点在于：第一，两名同侧内线进攻队员的"挂插"行动。这种配合可以帮助移动中的进攻队员摆脱防守，获得接球时机和有利的进攻位置。第二，外线持球队员要做到人到球到，"恰到好处"地传球给移动到位的内线队友，使他获得宝贵的进攻有利地位。第三，在战术设计中，移动接球的内线进攻队员，必须是善于篮下进攻、具有娴熟篮下进攻技术的队员。唯有如此，才能使设计的进攻时机，转化成现实的成功率。

二、"双塔"内外结合的进攻方式

(1) 参战阵容

①约翰逊（控球后卫）； ②吉诺比利（攻击后卫）；
③鲍文（小前锋）； ④邓肯（大前锋）；
⑤罗宾逊（中锋）。

(2) 战术进行过程

如图1-2-1所示，为了拉空防守内线，扩大进攻范围，邓肯主动拉到外线。与此同时，鲍文传球给罗宾逊，然后向内线插入，接罗宾逊回传球，准备投篮。

如图1-2-2所示，当鲍文准备投篮时，遇防守补防，鲍文把球传给外线队友约翰逊，然后给内线队友罗宾逊掩护。罗宾逊利用掩护摆脱防守，移动到另一侧的罚球区腰部，接约翰逊的传球，运用中锋进攻技术进行攻击。

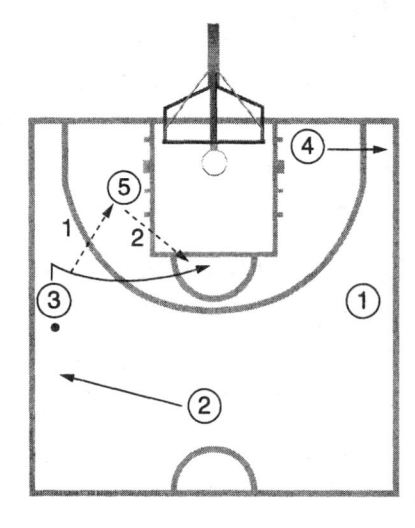

图 1-2-1　内外结合进攻方式　　　图 1-2-2　内外结合进攻方式

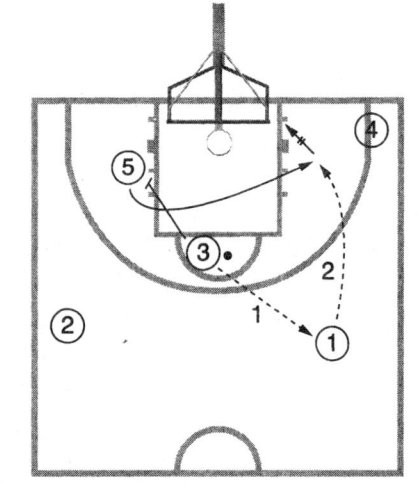

(3) 战术解析

这种进攻战术的关键点在于：第一，进攻威胁由外到内、再由内到外的"调动"，使防守的阵型产生混乱，并出现"防守错位"现象。第二，当对手混乱时，自己有计划地通过掩护移动，创造进攻时机。第三，在内外结合的调动中，每一接球点的进攻威胁是调动防守移动、产生混乱的理由，"恰到好处"的传球是创造进攻时机的关键。

三、"双塔"策应进攻的方式

(一) "双塔"策应内线进攻的战术

1. "高低位"进攻战术

(1) 参战阵容

①约翰逊（控球后卫）； ②吉诺比利（攻击后卫）；
③鲍文（小前锋）； ④邓肯（大前锋）；
⑤罗宾逊（中锋）。

(2) 战术进行过程

如图 1-3-1 所示，吉诺比利传球给约翰逊，与此同时，落位在底线的罗宾逊突然"背插"到罚球线，约翰逊传球给罗宾逊。

如图 1-3-2 所示，当罗宾逊接球之后，遭到防守夹击，但是"潜伏"在低位的邓肯，却被防守忽略和疏漏。罗宾逊乘机传球给邓肯，邓肯乘虚攻击。

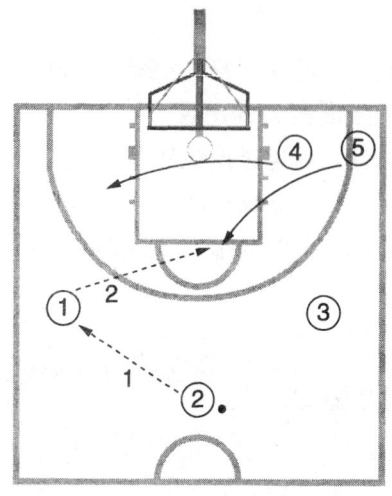

图 1-3-1 "高低位"进攻战术 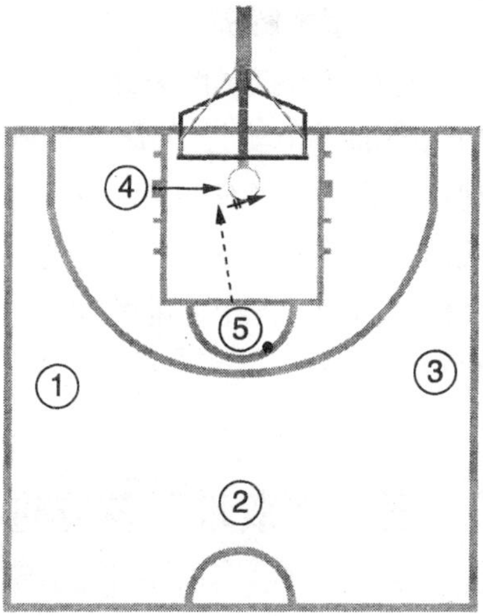　　　图 1-3-2 "高低位"进攻战术

(3) 战术解析

这种进攻战术的关键点在于：第一，两名内线进攻队员都是既能攻击又能策应的全面型选手。第二，向罚球线传球的及时与到位，是战术成功的关键。传球队员必须有强大的进攻威胁，否则不足以吸引防守包夹，也无法使低位队友获得有利的进攻位置；传球队员还必须具有很强的策应能力，否则不能及时、准确地传球到位，也就无法使进攻战术获得成功。

2. 策应外线队员内插攻击的战术

(1) 参战阵容

①约翰逊（控球后卫）；　　②吉诺比利（攻击后卫）；
③鲍文（小前锋）；　　　　④邓肯（大前锋）；
⑤罗宾逊（中锋）。

第一章 "双塔"进攻战术

(2) 战术进行过程

如图 1-4-1 所示，约翰逊传球给吉诺比利，吉诺比利具有极强的投、突能力，当他接球之后，引起防守重点关注，并由此引起防守区域扩大。在此情形之下，吉诺比利传球给站在罚球线右侧的罗宾逊。

如图 1-4-2 所示，罗宾逊接球后引起防守围堵夹击，恰在此时，约翰逊给吉诺比利掩护，吉诺比利利用掩护摆脱防守，向内线空插，罗宾逊乘防守不备，巧妙传球给空插的吉诺比利，吉诺比利接球后顺势上篮攻击。

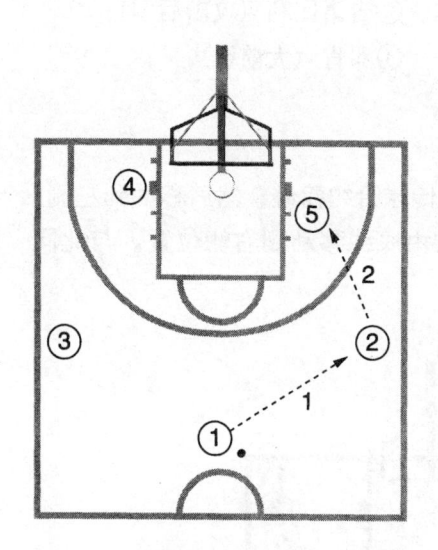

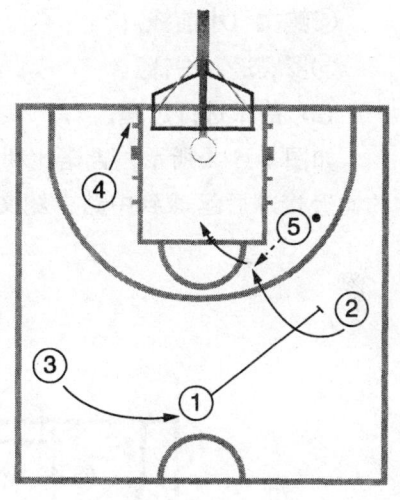

图 1-4-1 策应外线队员内插攻击战术　　图 1-4-2 策应外线队员内插攻击战术

(3) 战术解析

这种进攻战术的关键点在于：第一，内线进攻队员都是既能攻击又能策应的全面型选手。其进攻威胁可引起防守的关注，进而忽略对其他进攻队员的关注，使持球队员发挥出"策应"的进攻作用。第二，内线策应队员与空插攻击队员之间必须有一种

NBA 经典进攻战术解析

"默契"——空插攻击队员的行动必须"恰在其时",策应队员的传球必须"恰到好处"。

(二)"双塔"策应外线进攻的战术

1. 高位挡拆突分远投的进攻战术

(1) 参战阵容

①约翰逊(控球后卫); ②吉诺比利(攻击后卫);
③鲍文(小前锋); ④邓肯(大前锋);
⑤罗宾逊(中锋)。

(2) 战术进行过程

如图 1-5-1 所示,吉诺比利传球给约翰逊,然后移动到左侧;约翰逊接球后运球到中路,鲍文由底线移动到右侧位置。与此同

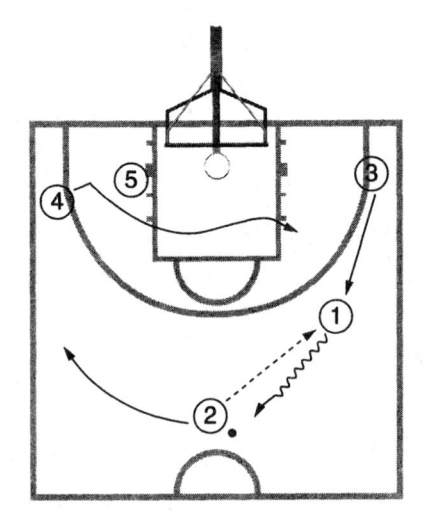

图 1-5-1 高位挡拆突分远投进攻战术

第一章 "双塔"进攻战术

时,落位在底线的邓肯移动到另一侧罚球区腰部,形成"二虎把门"的阵型。

如图 1-5-2 所示,约翰逊传球给吉诺比利,然后移动到右侧;这一行动在客观上为吉诺比利的进攻拉大了范围。与此同时,鲍文移动到底角。

如图 1-5-3 所示,罗宾逊上提到高位给吉诺比利掩护,吉诺比利利用掩护运球突破。这一战术行动迫使防守收缩甚至放弃对外线进攻队员的防守。吉诺比利审时度势地传球给外线队友约翰逊,约翰逊接球远投。

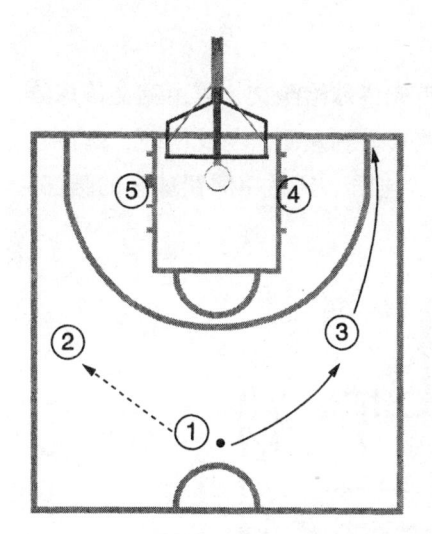

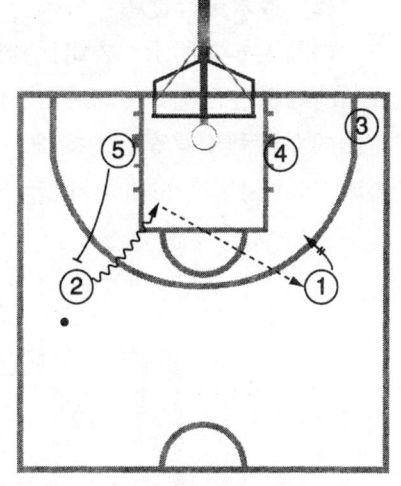

图 1-5-2 高位挡拆突分远投进攻战术　　图 1-5-3 高位挡拆突分远投进攻战术

(3) **战术解析**

这种进攻战术的关键点在于:第一,内线进攻队员的上提掩护行动,在客观上拉空了内线防守区域,给外线进攻队员的运球突破攻击,开创了良好的进攻环境。第二,运球突破队员必须具有极强的移动进攻能力，否则不足以迫使防守缩小布防范围，也不能为外线进攻队员创造远投时机。第三，进攻方接球队员必须具有极强的中、远距离投篮的能力。

2. 内外结合策应远投的进攻战术

(1) 参战阵容

①约翰逊（控球后卫）；　　②吉诺比利（攻击后卫）；

③鲍文（小前锋）；　　　　④邓肯（大前锋）；

⑤罗宾逊（中锋）。

(2) 战术进行过程

如图 1-6-1 所示，吉诺比利首先传球给鲍文，再由鲍文传球给底角的约翰逊；鲍文传球后由右侧移动到左侧。与此同时，落位在左侧的邓肯利用罗宾逊的掩护，"挂插"到另一侧罚球区的腰部，形成"二虎把门"的进攻阵型。

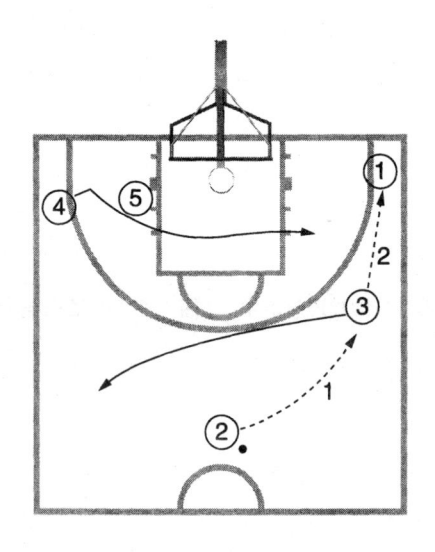

图 1-6-1　内外结合策应远投进攻战术

第一章 "双塔"进攻战术

如图 1-6-2 所示，底线持球的约翰逊传球给邓肯，然后从底线移动到另一侧底线。邓肯具有极强的内线进攻能力，因此，邓肯持球引起防守缩小布防范围，对邓肯实施"包夹"防守。

如图 1-6-3 所示，遭受防守"包夹"的邓肯及时传球给处于良好进攻环境的队友鲍文。鲍文接球后被快速补防的防守队员干扰，他没有强行投篮，而是快速传球给处于底线的约翰逊。约翰逊在无人干扰的情况下，稳定投篮。

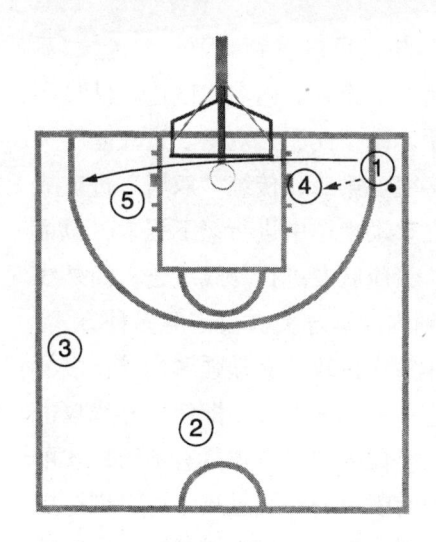

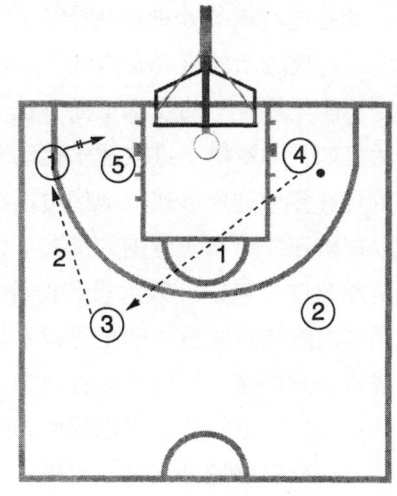

图 1-6-2 内外结合策应远投进攻战术   图 1-6-3 内外结合策应远投进攻战术

(3) 战术解析

这种进攻战术的关键点在于：第一，内线进攻队员的强大进攻威胁和策应助攻能力。如无强大的进攻威胁，则不能吸引防守包夹，并形成外线进攻队员良好的进攻环境。如无极强的策应助攻能力，则不能在防守尚未"夹死"的一瞬间，及时传球给外线处于良好进攻环境的队友。第二，外线进攻队员对攻防态势的把握和对进攻时机的选择。接第一次球的进攻队员可以自己投篮，但队友的投篮时机更好，舍弃自己进攻而形成更好的进攻时机，表现的不仅是整体进攻意识而且是对篮球进攻理论更深的理解。

四、本节结语

通过对本节6种进攻战术的解析，可以看到：第一，传统"双塔"进攻战术的核心是内线"双塔"的设置。两名内线进攻队员都是"能里能外"的技术全面型选手。基于此，"双塔"进攻阵容灵活自如，"双塔"进攻战术机动多变。第二，传统"双塔"进攻战术具有多种进攻形式。他们可以在移动换位中进行篮下强攻，也可以在防守缩小布防范围的情况下，策应队友进行外线攻击；而外线队友的攻击包括外线远投和由外到内的运球突破攻击等多种方式。两名内线进攻队员之间也可以互相策应进攻。必须强调的是：多种进攻方式都基于"以内线进攻为主"的战术思想。即使以外线攻击结束进攻的方式，也可以理解为这是因为内线进攻具有威胁，才可能创造出良好的外线进攻时机。而有效率的外线进攻，可以创造更好的内线进攻时机，并且能更好地贯彻执行"以内线进攻为主"的战术理念。第三，值得注意的是：传统"双塔"进攻战术中包含"高位挡拆"为主的进攻方式，在这种进攻方式中，外线进攻队员运球突破分球代替了内线进攻队员策应分球的进攻作用，两种攻击方式都起到迫使防守缩小布防范围的作用，又都能为外线进攻队友创造良好进攻时机。这一特点，为新型的"双塔"进攻模式开启了先河。

第三节 新型"双塔"进攻战术

由一名善于"强攻硬打"的高大内线队员和一名"能里能外"的灵活型高大内线队员组合而成的内线"双塔",以及围绕内线"双塔"设计的整体进攻方式,即为新型"双塔"进攻战术,或称为"一强一灵"的"双塔"进攻战术。这种进攻战术的阵容灵活性和战术的机动性,远逊于灵活型"双塔"进攻模式,但是,新型"双塔"进攻战术的内线进攻威胁,却更强于灵活型"双塔"进攻组合。新型"双塔"进攻战术包括以下几种方式。

一、"双塔"内线强攻的进攻方式

(1) 参战阵容
①费舍尔(控球后卫); ②科比(攻击后卫);
③阿泰斯特(小前锋); ④加索尔(大前锋);
⑤拜纳姆(中锋)。

(2) 战术进行过程

如图 1-7-1 所示,费舍尔传球给阿泰斯特,阿泰斯特再传球给拜纳姆,然后绕着拜纳姆向内线穿插;阿泰斯特的这一战术行动有两个意义:其一,可接拜纳姆回传球,上篮攻击,形成局部"策应"配合。其二,阿泰斯特穿插后,使持球队员的进攻区域扩大,便于持球队员运用进攻技术。

如图 1-7-2 所示:拜纳姆接球后并没有传球给穿插移动的阿泰斯特,当进攻区域拉开后,运用运球后转身技术,强攻篮下。

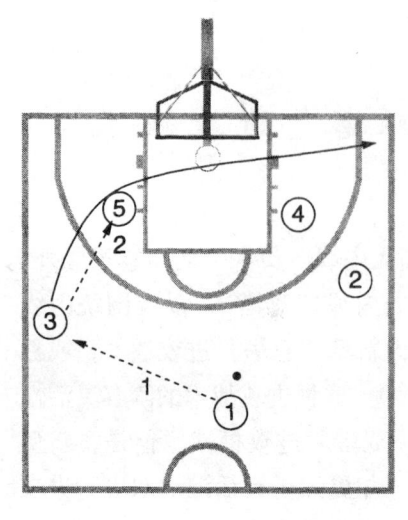

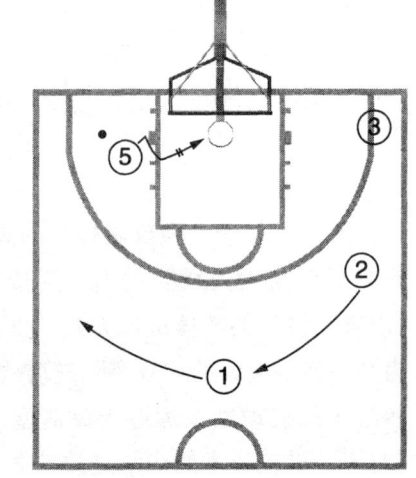

图 1-7-1 "双塔"内线强攻战术　　　图 1-7-2 "双塔"内线强攻战术

(3) 战术解析

这种进攻战术的关键点在于：它是"三角进攻"战术与"双塔"进攻模式的有机结合。在局部范围内创造良好进攻环境，是"三角进攻"战术的精髓，而这种进攻方式，是"双塔"进攻模式与"三角进攻"战术的结合。之所以有这种结合，其根本原因是球队具有内线强攻的传统，但不足以形成内线主要威胁。因此，既要保持内线强攻的传统，又要建立新的进攻模式。而这种内线强攻的进攻方式，就是在新的"双塔"进攻模式中融入的"三角进攻"战术因素。

二、"双塔"互相策应攻击的进攻方式（一）

(1) 参战阵容

①费舍尔（控球后卫）；　　②科比（攻击后卫）；

第一章 "双塔"进攻战术

③阿泰斯特（小前锋）； ④加索尔（大前锋）；
⑤拜纳姆（中锋）。

(2) 战术进行过程

如图 1-8-1 所示，费舍尔传球给科比，科比接球后，防守上来逼防，科比顺势传球给加索尔。

如图 1-8-2 所示，加索尔接球后，由于科比在近球一方，防守并未对加索尔实施围堵逼防，加索尔从容地沿底线运球突破，遇防守队员补防时，巧妙传球给中锋拜纳姆，拜纳姆接球上篮得分。

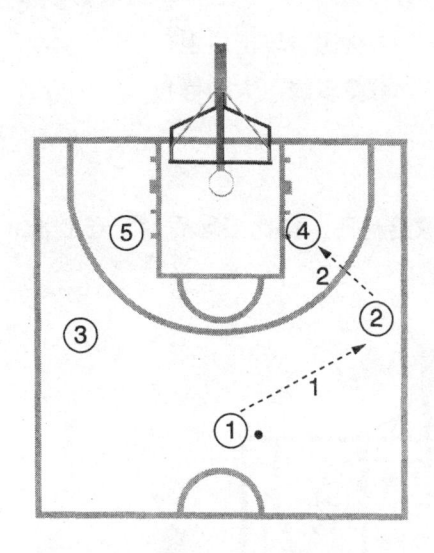

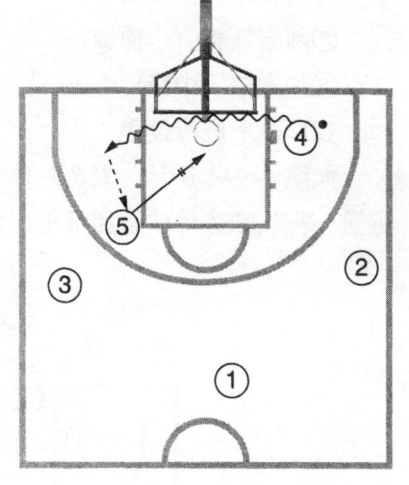

图 1-8-1 "双塔"互相策应攻击战术　　图 1-8-2 "双塔"互相策应攻击战术

(3) 战术解析

这种进攻战术的关键点在于：第一，在新型"双塔"进攻模式中，内线进攻队员互相策应攻击的战术，一般是由灵活型内线队员担任策应的任务，由"强攻硬打"的内线队员担任强攻任务。由此可以看出：新型"双塔"进攻模式的灵活性和战术的机动程度都不如传统的"双塔"进攻模式。第二，内线进攻队员之间的配合，虽然缺乏灵活与机动，但是攻击的强度往往比传统的"双塔"进攻模式更大。

三、"双塔"互相策应攻击的进攻方式（二）

(1) 参战阵容

①费舍尔（控球后卫）；　　②科比（攻击后卫）；
③阿泰斯特（小前锋）；　　④奥多姆（大前锋）；
⑤加索尔（中锋）。

(2) 战术进行过程

如图1-9-1所示，费舍尔传球给科比，科比接球后，防守上来逼防，科比顺势传球给加索尔。

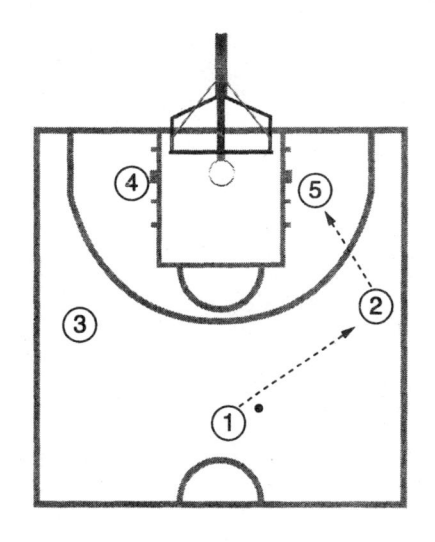

图1-9-1 "双塔"互相策应攻击战术

第一章 "双塔"进攻战术

如图 1-9-2 所示，科比传球给加索尔后，马上插到内线为奥多姆掩护，奥多姆利用掩护，从外侧向内线插入，加索尔巧妙策应传球给切入的奥多姆，奥多姆接球上篮。

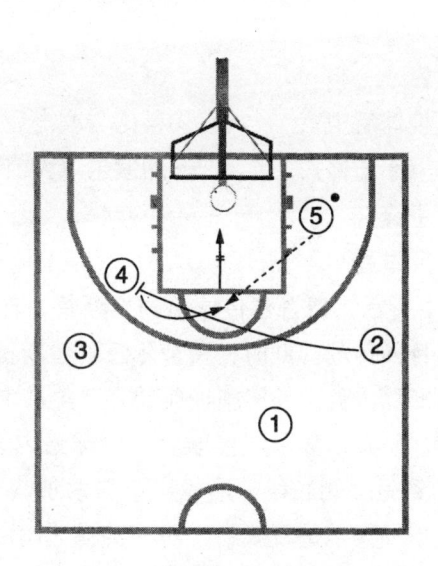

图 1-9-2 "双塔"互相策应攻击战术

(3) 战术解析

这种进攻战术的关键点在于：第一，进攻阵容由两个技术全面的灵活型内线进攻队员组成"双塔"，奥多姆不但可以策应助攻，而且还可以远投 3 分，而加索尔的策应助攻能力尤为突出。因此，其进攻阵容的灵活程度尤胜传统的"双塔"进攻模式；这种"双塔"进攻战术的机动程度也胜过传统的"双塔"进攻模式。第二，湖人队的这种"双塔"进攻模式并不是一种主要进攻模式，而奥多姆的实战技术发挥水平并不稳定，湖人队对这种"双塔"进攻模式的信赖依靠程度也远不如马刺队对传统"双塔"进攻模式。因此，这种新型的"双塔"进攻模式并未发挥出其潜在的制胜价值。

四、"双塔"低位策应攻击的进攻方式(一)

(1) 参战阵容
①费舍尔(控球后卫);　　②科比(攻击后卫);
③阿泰斯特(小前锋);　　④加索尔(大前锋);
⑤拜纳姆(中锋)。

(2) 战术进行过程

如图 1-10-1 所示,费舍尔传球给阿泰斯特,然后快速移动到底线,接阿泰斯特回传球。此时,费舍尔、阿泰斯特和内线队员加索尔形成"三角形"占位,并实施经典的"三角进攻"战术。

如图 1-10-2 所示,费舍尔接球后,传球给内线队员加索尔,然后,快速移动到另一侧底线,形成利于加索尔篮下强攻的态势。但是,防守方慑于加索尔进攻威胁,对其实施"包夹"防守。加索

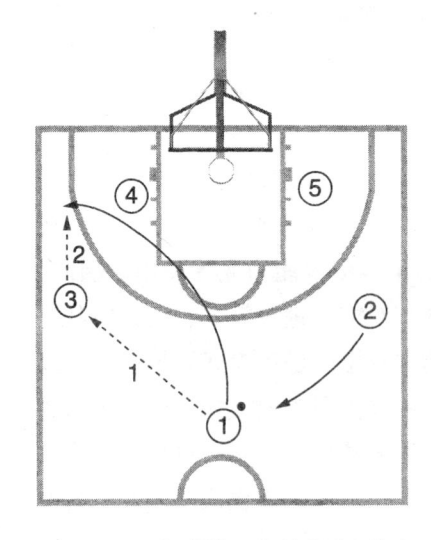

图 1-10-1　"双塔"互相策应攻击战术　　图 1-10-2　"双塔"互相策应攻击战术

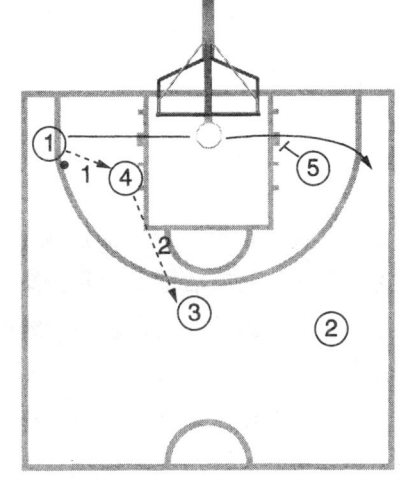

尔根据防守变化，审时度势地传球给外线队友阿泰斯特。

如图 1-10-3 所示，阿泰斯特接球后准备投篮，但遇到防守快速补防，阿泰斯特快速传球给科比。科比接球后遇到更快速的补防，科比快速传球给移动到底线的费舍尔。此时，防守已无法实施有效的补防措施，费舍尔在无防守干扰的情况下，稳投 3 分球。

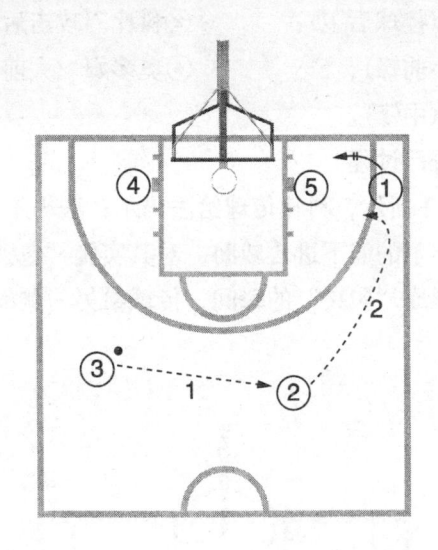

图 1-10-3 "双塔"互相策应攻击战术

(3) 战术解析

这种进攻战术的关键点在于：第一，内线进攻队员必须具有强大的进攻威胁。否则不足以迫使防守采取收缩防守的策略。第二，内线进攻队员必须具有良好的策应助攻的意识与技术，能够在防守方已收缩防守又尚未形成"包夹"的瞬间，传球给外线队友，使其获得良好的进攻时机。第三，外线进攻队员必须具有整体进攻意识和良好的选择进攻时机的能力，必须能够在防守扩大防区、轮转换位快速补防的情况下选择最好的进攻时机，才能够创造出最好的进攻时机，在无干扰或少干扰的情况下进攻投篮。

五、"双塔"低位策应攻击的进攻方式（二）

(1) 参战阵容
①法玛尔（控球后卫）；　②科比（攻击后卫）；
③布朗（小前锋）；　　　④奥多姆（大前锋）；
⑤加索尔（中锋）。

(2) 战术进行过程

如图 1-11-1 所示，科比传球给法玛尔，法玛尔传球给加索尔，防守方慑于加索尔的篮下进攻威胁，对其实施"包夹"防守，加索尔在防守尚未形成"包夹"的瞬间，传球给另一侧的布朗，取得有利的进攻态势。

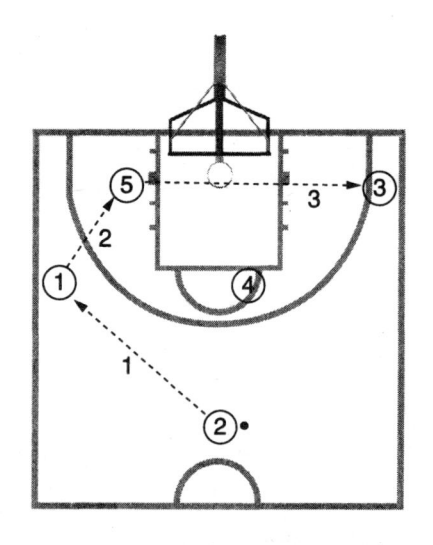

图 1-11-1　"双塔"互相策应攻击战术

第一章 "双塔"进攻战术

如图 1-11-2 所示,布朗接球后,乘防守队员快速补防失去合理的防守位置,快速运球突破（注：布朗的运球突破技术强于中、远距离投篮技术,选择运球突破即是选择发挥自己的特长技术),遇对方内线防守队员补防,巧妙传球给由外向内空切的灵活型内线进攻队员奥多姆,奥多姆接球上篮。

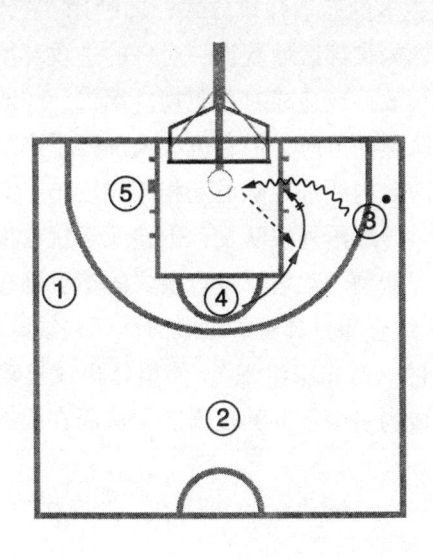

图 1-11-2 "双塔"互相策应攻击战术

(3) 战术解析

这种进攻战术的关键点在于：第一,内线进攻队员的策应助攻意识与技术能力。第二,当获得有利的进攻态势后,选择发挥自己的特长技术,唯有如此,才能给对手造成最大的进攻威胁,造成对手的防守混乱。在对手混乱的状态中,打出合理、精妙的战术配合,创造进攻效益。

六、本节结语

通过对本节 5 种进攻战术的解析，可以看到：第一，新型"双塔"进攻模式有更多的篮下强攻方式；即利用"三角进攻"方式，使中锋在罚球区两侧腰部区域获得一对一的进攻环境，实施篮下强攻，直接创造进攻效益或造成对手犯规。第二，"双塔"中虽然只有一名内线高大队员的策应，但它也大大加强了进攻战术的机动程度，既可以实现两名内线进攻队员互相策应攻击，又可以在防守方缩小防守区域时，传球给外线队友，创造无干扰或少干扰情况下的稳定投篮。第三，新型"双塔"进攻模式的篮下强攻方式，由于与"三角进攻"方式结合而更具有进攻威力。而内线队员的策应助攻，又成为阵地进攻的"第二次组织"，使整体进攻机动、灵活，并且使控球后卫可以成为一个重要的攻击点，从而在根本上打破了传统的"位置"概念。

第四节 以"高位挡拆"形成内线攻击威胁的进攻战术

把以"高位挡拆"形成内线攻击威胁的进攻方式归纳为一种新型的"双塔"进攻模式，并不是因为一贯以"双塔"进攻战术为主要进攻方式的马刺队在大卫·罗宾逊退役之后，把以"高位挡拆"形成内线攻击威胁的进攻方式作为主要进攻方式，而是因为：第一，以"高位挡拆"形成内线攻击威胁的进攻方式，以外线队员快速运球突破的方式替代了高大内线队员的篮下强攻，并能取得与篮

下强攻相同、甚至超过篮下强攻的内线进攻效果。第二，以外线队员快速运球突破分球的方式替代了高大内线队员的策应助攻，并同样能起到迫使防守缩小防区，为外线进攻队员创造良好进攻时机的战术作用。更为重要的是，以"高位挡拆"形成内线攻击威胁的进攻方式与"双塔"进攻战术一样，它们都在忠实地贯彻执行着一种"以内线进攻为主"的战术思想与战术理念。

必须强调的是：在美国 NBA 篮坛，"高位挡拆"的进攻战术已经成为一种主要的进攻方式，不仅新型的"双塔"进攻模式运用它，"跑轰"进攻模式、普林斯顿进攻模式、甚至于新型的"三角进攻"模式也都把"高位挡拆"战术配合作为一种有效的进攻手段而被重用。但是，"双塔"进攻模式主要把以"高位挡拆"为主的进攻方式作为形成内线进攻威胁的一种手段。亦即：把快速运球突破攻击替代篮下强攻；把运球突破分球助攻替代高大内线队员篮下策应助攻。以新型的"移动型双塔"进攻模式替代传统的"双塔"进攻战术。这种全新的进攻模式包括以下几种进攻方式。

一、"高位挡拆"后直接攻击的进攻方式

(1) 参战阵容
①帕克（控球后卫）； ②吉诺比利（攻击后卫）；
③鲍文（小前锋）； ④邓肯（大前锋）；
⑤埃尔森（中锋）。

(2) 战术进行过程

如图 1-12 所示：邓肯上提"高位"给帕克掩护，使防守左半区内线空虚，非常利于外线进攻队员运球突破技术的发挥。帕克利用邓肯的掩护，从左侧乘虚而入，直接快速运球突破上篮。

NBA 经典进攻战术解析

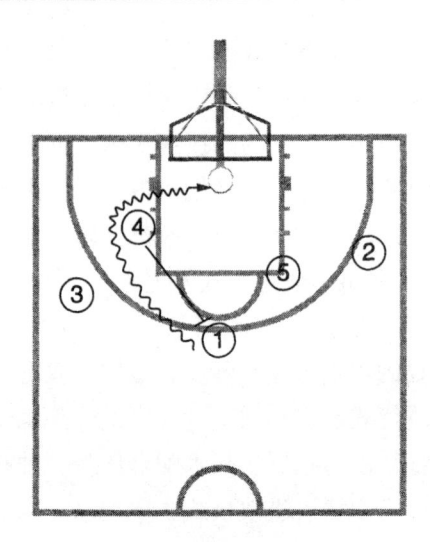

图 1-12 "高位挡拆"
直接攻击的进攻方式

(3) 战术解析

这是马刺队第 8 套整体进攻战术打法,这种进攻战术的关键点在于:第一,内线高大进攻队员的上提掩护,为外线进攻队员运球突破技术发挥创造了良好的进攻环境。第二,帕克运球突破技术,具有"以快制胜"的技术特点;具有变控球后卫为重要攻击点的性质,这一性质具有打破位置概念的意义。帕克的快速运球突破行动,是马刺队整体进攻战术中以"外线内攻"的形式完成的重要内线攻击行动。

二、"高位挡拆"后中锋空插攻击的进攻方式

(1) 参战阵容

①帕克(控球后卫); ②吉诺比利(攻击后卫);

第一章 "双塔"进攻战术

③鲍文（小前锋）；　　　　④邓肯（大前锋）；
⑤奥博托（中锋）。

(2) 战术进行过程

如图1-13所示，邓肯与奥博托均上提到高位给帕克掩护，两名内线队员上提的行动，完全拉空了防守的内线防区。帕克先利用邓肯的掩护，然后再利用奥博托的掩护，从左侧防区快速运球向篮下突破，遇到内线防守队员的顽强补防；恰在此时，上提到高位的邓肯，趁防守的关注点集中在帕克之时乘虚而入，接帕克策应传球，顺势上篮得分。

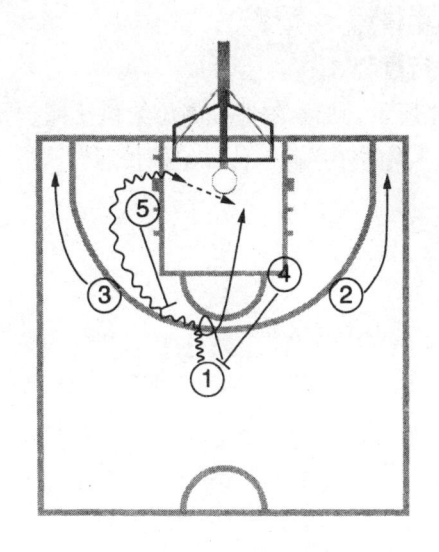

图1-13 "高位挡拆"
后中锋空插攻击战术

(3) 战术解析

这是马刺队第4套整体进攻战术打法，这种进攻战术的关键点在于：第一，外线队员运球突破的攻击行动，必须具有强大的攻击威胁，否则不足以吸引足够的防守关注度。第二，内线进攻队员的空插行动发生在脱离防守关注的远侧；空插行动具有乘虚而入的性质。

三、"高位挡拆"后策应攻击的进攻方式

(1) 参战阵容

①费舍尔（控球后卫）；　　②科比（攻击后卫）；
③阿泰斯特（小前锋）；　　④加索尔（大前锋）；
⑤拜纳姆（中锋）。

(2) 战术进行过程

如图 1-14-1 所示，加索尔上提高位给科比掩护，科比利用掩护运球向内线切入，遇防守拦截，传球给掩护后转身插入的加索尔。

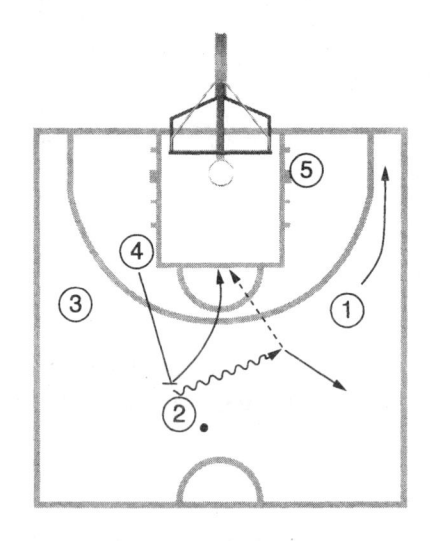

图 1-14-1 "高位挡拆"后策应攻击的进攻战术

第一章 "双塔"进攻战术

如图 1-14-2 所示，加索尔接球后，以其强大的进攻威胁迫使防守对其实施"围堵夹击"；恰在此时，阿泰斯特趁机空插向篮下，加索尔恰到好处地传球给阿泰斯特，阿泰斯特接球上篮得分。

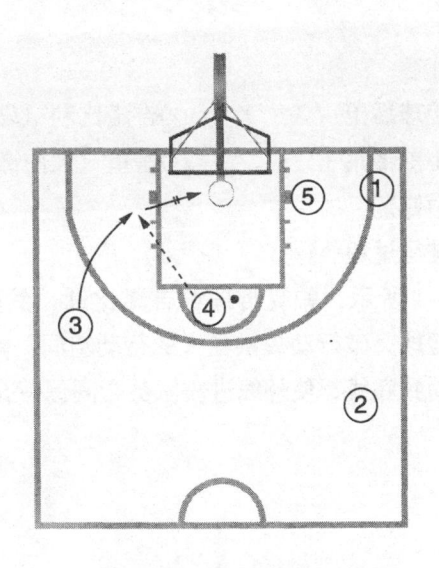

图 1-14-2 "高位挡拆"后策应攻击的进攻战术

(3) 战术解析

这种进攻战术的关键点在于：第一，灵活型内线进攻队员策应传球在整体进攻战术中的"第二次组织"作用。第二，当内线进攻队员进行"第二次组织"时，其他队员必须会乘机进行攻击行动。第三，注重培养"战术角色"转换后，"组织中枢"与其他进攻队员之间的战术默契。

四、"高位挡拆"突分远投的进攻方式

(1) 参战阵容
①帕克（控球后卫）；　　②吉诺比利（攻击后卫）；
③鲍文（小前锋）；　　　④霍里（大前锋）；
⑤邓肯（中锋）。

(2) 战术进行过程

如图 1-15-1 所示，帕克传球给吉诺比利，然后向右侧移动，为吉诺比利的运球突破行动提供更大的行动空间。同时，原先站在右侧的鲍文移动到底线，使外线进攻队员之间保持合理的间隔。

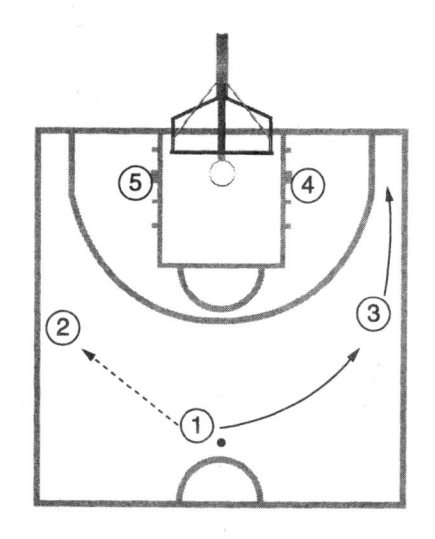

图 1-15-1 "高位挡拆"
突分远投的进攻战术

第一章 "双塔"进攻战术

如图 1-15-2 所示，邓肯上提到左侧高位给吉诺比利掩护，吉诺比利利用掩护从外线（右侧）运球向内突破，遇防守拦截，传球给帕克；帕克接球后快速传球给底线的队友鲍文。此时，鲍文处于防守方补防不及的良好投篮区域（底线是鲍文的习惯投篮区域），鲍文在防守补防不及的情况下，从容投篮。

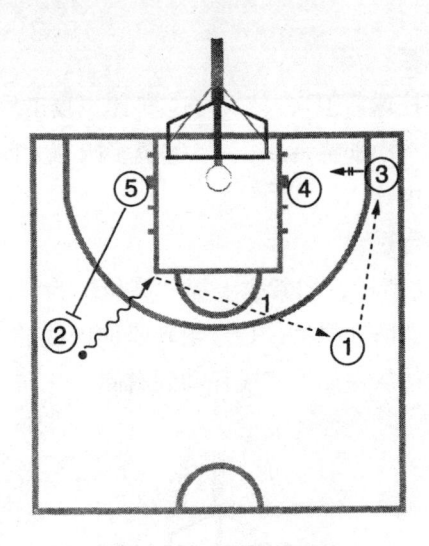

图 1-15-2 "高位挡拆"
突分远投的进攻战术

(3) 战术解析

这种进攻战术的关键点在于：第一，外线进攻队员的运球突破行动，必须产生如同内线高大进攻队员在防守内线区域接球一样的内线进攻威胁。必须能够迫使防守方缩小防守区域，从而为外线进攻创造良好的进攻时机。第二，外线运球突破队员必须能够在防守尚未形成围堵夹击的瞬间，传球给处于良好进攻时机的外线队友，使进攻方处于占据先机的有利位置。第三，当处于占据先机的外线进攻队员得球后，应该选择最好的投篮时机。这种选择包括两个因素：其一，选择最能避开防守干扰的时机投篮；其二，选择本队投篮最准的队员在他适合的区域、用他最习惯的方式投篮。

五、"高位挡拆"后中锋策应远投的进攻战术

(1) 参战阵容

①费舍尔（控球后卫）； ②科比（攻击后卫）；
③阿泰斯特（小前锋）； ④奥多姆（大前锋）；
⑤加索尔（中锋）。

(2) 战术进行过程

如图1-16-1所示，加索尔上提"高位"为科比掩护，科比沿左侧运球突破，遇防守拦截，传球给转身向内线插入的加索尔。与此同时，阿泰斯特从左侧沿底线移动到右侧。

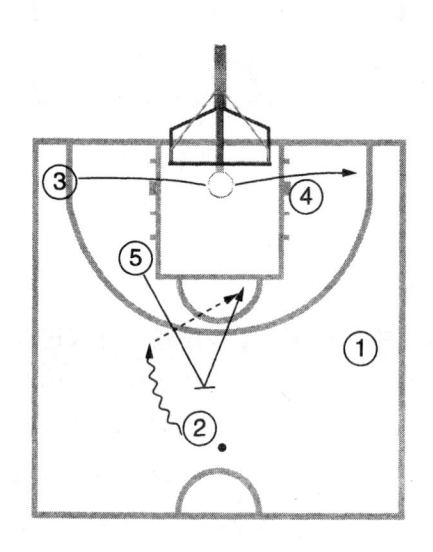

图1-16-1 "高位挡拆"
后中锋策应远投的进攻战术

第一章 "双塔"进攻战术

如图 1-16-2 所示，接球后加索尔遇到防守拦截包夹，不能实现接球攻击的战术预想。但是，防守在实施包夹的同时，却在防守外线露出破绽。于是，加索尔趁势传球给外线队友阿泰斯特。此时，防守快速补防，阿泰斯特趁机传球给处于"空位"的奥多姆。

如图 1-16-3 所示，内线是防守的"家"，因此，奥多姆接球后遭到防守拼命补防，奥多姆趁势再一次传球给外线队友费舍尔，费舍尔在无防守干扰的情况下，稳投 3 分。

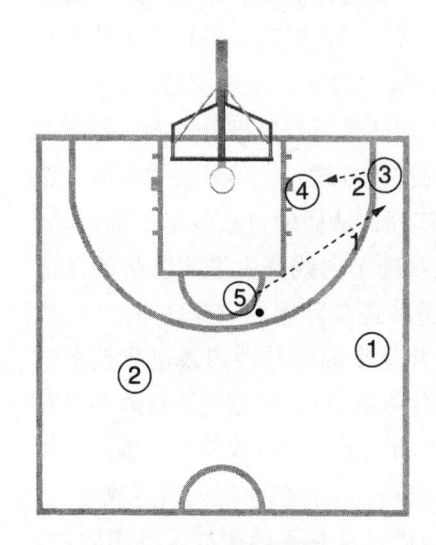

图 1-16-2 "高位挡拆"后中锋策应远投的进攻战术

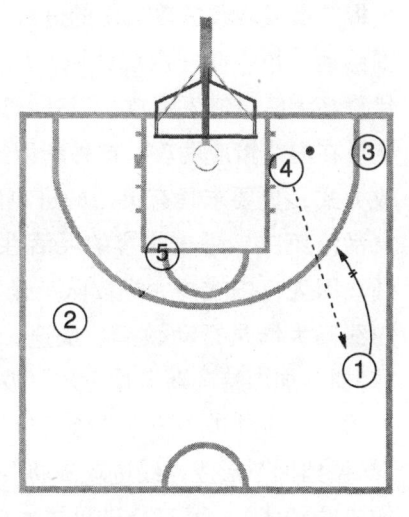

图 1-16-3 "高位挡拆"后中锋策应远投的进攻战术

(3) 战术解析

这种进攻战术的关键点在于：第一，这是一种传统的内线策应远投的进攻战术和"高位挡拆"战术有机结合的综合性进攻战术。因此，战术进行过程也非常复杂和层次重叠。第二，合理地由外到内再由内到外的传球调动，需要进攻方审时度势和足够的耐心。在抓住攻守先机之后，通过内、外传球，有效地调动防守，直到获得最好的进攻时机。第三，在慎重选择投篮时机的同时，一定要注意进攻时间的进程，避免进攻 24 秒违例。

六、本节结语

通过对本节 5 种进攻战术的解析，可以看到：第一，以"高位挡拆"形成内线进攻威胁的进攻方式，以内线高大进攻队员的大范围移动，拉空防守内线区域；以外线进攻队员运球突破直接攻击，代替高大队员篮下强攻；以外线进攻队员运球突破分球，代替高大队员在内线策应助攻。这种新型的进攻方式，比传统的"双塔"进攻方式，更要求具有灵活的进攻阵容，从而使进攻战术更加机动、灵活。第二，进攻阵容的灵活性取决于内线高大进攻队员的灵活性。因为，内线高大进攻队员是整体进攻阵容的"身体重心"。当内线高大队员行动敏捷、快速，并且掌握移动性内线进攻技术时（譬如：加内特、斯塔德迈尔、波什等队员），则这种进攻阵容具有灵活性；这种进攻阵容能够打出机动、灵活的进攻战术（譬如：以"高位挡拆"形成内线进攻威胁等机动、灵活的"以内线进攻为主"的进攻战术）。第三，进攻战术的机动性并不等于战术的实效性。亦即进攻阵容并不灵活的高大进攻阵容，也能打出实效性很高的进攻战术。而获得进攻实效性的关键在于：根据进攻队员的技、战术特长，构建进攻阵容和设计与其相适应的进攻战术。

第二章 "跑轰"进攻战术

"跑轰"进攻战术是一种通过有计划、有节奏、大范围、长距离、多掩护的快速移动，创造投篮时机；以快、准、灵、活为进攻战术特征的"以外线进攻为主"的快速进攻战术。

第一节 "跑轰"进攻战术理念

一、一种反"传统"的进攻战术理念

内线优势规律是篮球运动最根本的规律，也是美国篮球信奉的最根本的进攻理念。因此，内线优势的争夺成为篮球比赛中最激烈的争夺。而获得内线优势并不是所有球队（特别是那些不具有高大中锋的球队）都能实现的"梦想"。于是，两种进攻思路由然而生：其一，以移动式内线进攻的形式获得移动中瞬间短暂的内线进攻时机，取代"固有的"以得到高大内线队员而具有的内线优势；以冲击式内线进攻动作取代篮下"死打硬扛"。而运用这种进攻方式的典型代表就是太阳队的中锋斯塔德迈尔。其二，在内线进攻具有最大的成功保险系数而又不具有争夺优势的前提下，既然激烈的内线争夺严重影响进攻效率（投篮命中率），而在进攻外线又可以创造"很少干扰"的投篮时机，并且三分线外的投篮可以获得增多50%

的进攻效率（这是一个可以弥补进攻保险系数低的重要因素）；那么，追求"无或很少干扰"的外线攻击，创造合理的外线进攻时机，并保持较高的投篮命中率，成为一种"不得不"取代"以内线进攻为主"的"以外线进攻为主"的进攻方式。

诚然，这是一种反"传统"的进攻战术理念。但是，它却符合"从实际出发、因情施战"的实战原则。并且，"无或很少干扰"的外线投篮，同样获得了能提高投篮命中率的有利条件。它具有（并不等于）可以顶替"内线优势"的进攻有利因素。而这种因素同样可以取得制胜效果。这是一种在不拥有"内线优势"的前提下，不盲目、不固执地去刻意进行内线争夺，而是开辟另一条外线进攻制胜之路的、"否定之否定"的辩证进攻思维。

二、"跑轰"战术的主要进攻时机

"跑轰"战术的进攻时机主要出现在：第一，在防守方由守转攻时，对手在退防的过程中会出现"短暂的混乱状态"，要么是无法找到确切的"防守对象"；要么是无法占据有利的防守位置，难以建立有次序、多层次的防守阵型和整体防守体系。在这种"短暂的混乱状态"中，防守方的主要防御区域只能在进攻威胁最大的内线，却无暇顾及广大的外线防区，而此时也正是实施"跑轰"进攻战术的最佳时机。设计在"混乱和无防守"的情况下果断投篮，并强调在投篮时全体"跟进队员"冲抢篮板球，当这种快速进攻方式取得相应的成果时，则能建立坚定的投篮自信心，进而得到很高的进攻效率。这种进攻方式打破了"传统"进攻理论的束缚。"传统"进攻理论认为：在快攻时机失去之后，应该改变进攻速度，应当在布置妥当进攻阵型之后，再进行阵地进攻，以避免出现混乱的进攻过程。但是，当"妥当"的进攻阵型布置完成之后，对手巩固

第二章 "跑轰"进攻战术

的防守体系也建立起来；当一种进攻体系在双方都布置"妥当"的情况下无法获得优势时，那么，进攻方在快攻至阵地进攻之间"短暂的混乱状态"中实施"追着打"的进攻方式，就成为一种至关成败的重要制胜方式。

第二，通过有计划、大范围、长距离、多掩护的移动战术配合，创造"无或很少干扰"的外线投篮时机，或进行连续的运球突破，迫使防守方缩小防区，然后分球到外线已获得"无或很少干扰"的投手，按照战术设计的规定，接球后果断投篮。

第三，准确的外线投篮，必然迫使防守方扩大防守区域，而随着防守区域的扩大，"无或很少干扰"的投篮时机也必然减少，同时，防守内线的漏洞也随之显现。此时，进攻方的攻击重点必须由外线转到内线，进行"必要而必须"的内线进攻。唯有如此，才能符合"内外结合、避实就虚"的进攻取胜规律。但是，"跑轰"模式的内线进攻一定是"移动式"而不是"固定式"的，这种"移动式"内线进攻方式是由"跑轰"模式中锋的身材及其进攻技术类型所决定。斯塔德迈尔是这类中锋的典型代表。有效的内线进攻又迫使防守方重新采取缩小防区的策略。而当防守方缩小防区之时，则是再一次进行外线进攻的最佳时机。在进攻过程中，根据实战情况，把攻击重点由外线转移到内线，再由内线转移到外线，进行内、外结合的进攻重点转移，是提高进攻效率的必要措施。但是，"以外线进攻为主"的球队所进行的内线重点进攻，其目的在于迫使防守方缩小防区，从而获得更好的外线进攻时机。这与"以内线进攻为主"球队实施"内外结合"进攻重点转移有着本质区别。

三、"跑轰"进攻模式的战术特点

快、灵、活、准是"跑轰"模式最为显著的进攻战术特点。

39

1. 快

所谓"快",首先是指"跑轰"球队在比赛中组织的快攻次数明显多于其他球队。其次,是指"跑轰"球队在快攻与阵地进攻的过渡阶段,完全不留进攻方式的变换间隔,他们往往趁对手防守不到位时,实施快速攻击。而不是在快攻转入阵地进攻时,明显地改变进攻节奏,以与快攻完全不同的"慢"节奏,平稳地过渡到阵地进攻。快攻与阵地进攻的过渡阶段,是攻防双方的"混乱期",进攻方固然有忙乱之虞,但防守方更是混乱一团,形成不了预先设计的"对位防守",抢占不了有力的防守位置,难以组织有次序的防守阵型和层次。进攻方能否以乱治乱,乱中求胜,关键在于他的进攻指导思想和他的乱中求胜攻击之法是否训练有素。"跑轰"球队之所以能够在快速攻击中获得显著的进攻效益,恰恰是因为它擅长乱中求胜,恰恰是因为它擅长在对手防守不到位的情况下,实施快速攻击,即实施"追着打"的进攻策略。再次,"跑轰"球队能实施快速进攻的策略,还因为它的组织后卫往往具有很强的进攻能力,往往直接参与阵地进攻。比如:当纳什运球过前场后,直接利用队友的掩护进行攻击,这主要得益于纳什本人具有很强的进攻能力。这种阵地进攻方式,许多 NBA 球队都采用,这种阵地进攻方式是最直接的也是最快的阵地进攻方式。而在这一点上,太阳队极大地加快了阵地攻击的速度。

以上三点,形成了"跑轰"球队进攻行动的快速链,三个环节之间环环相扣、珠联璧合,使其整体进攻的速度大幅度提高。太阳队主教练金德利说,太阳队的每次进攻时间在 7 秒至 12 秒之间。由此可知,"跑轰"球队的进攻速度明显快于其他球队。

2. 灵

所谓"灵",决不是指"跑轰"进攻体系中某一个或几个场上队员能灵巧、快速地运用多种技术动作,而是指,场上五人灵巧地将多种技术融汇成一个整体的战术灵动。而在这多种技术融汇成整体战术的过程中,有两个位置的进攻队员起着至关重要的作用。其一,是组织后卫的指挥作用。例如:在太阳队进攻战术运行过程中,经常可以看到:当纳什运用娴熟运球技术突破对手防线时,全队场上队员都能心领神会地快速移动,从而形成在快速移动中精妙的战术配合,创造合理的投篮时机。而在太阳队整体进攻过程中,纳什起到了不可取代的"审时度势""穿针引线"的核心作用。

其二,是中锋的灵活性。一个灵活的中锋是形成一个灵活的进攻阵容的前提。因为中锋是阵容整体的"身体重心",中锋行动的快速能导致阵容整体移动的快速,中锋的灵活行动能产生阵容整体的灵活移动,中锋的技术类型直接形成进攻阵容整体进攻战术的类型。例如:斯塔德迈尔是一个行动快速、敏捷、灵活的中锋。与其说太阳队的"跑轰"战术体系需要这种类型的中锋,不如说是这种快速、灵活型的中锋决定了"跑轰"战术是太阳队最适合的进攻战术。斯塔德迈尔造就了阵容的灵活、战术的机动。使太阳队进攻阵容运用"跑轰"战术如鱼得水,使太阳队与"跑轰"进攻战术水乳交融。

3. 活

所谓"活",是指能够根据实战情况,灵活选择适用的进攻战术。它包括三个层次的含义。其一,个人技术运用"活"。这是指:

个人在运用技术时，能够根据场上情况，灵活改变所运用的技术动作。例如：当一名队员正准备投篮时，突然发现队友的进攻时机更好，于是"改投为传"，改直接进攻为助攻。这种"随机应变"，在"跑轰"模式太阳队组织后卫纳什的技术表现中，比比皆是。其二，在实施进攻方式的过程中，进攻点的选择"活"。例如：太阳队纳什在运球突破中，其余四人都是移动中蓄势待发的进攻点。纳什可以随心所欲地选择竞技状态最好且投篮时机最好的"进攻点"，完成战术配合。其三，在整体进攻战术打法中，灵活选择最适用的进攻方式。例如："跑轰"模式太阳队在实施"高位挡拆"中，可以从高位运球突破开始，进行"内线外投"的进攻方式，还可以从高位运球突破开始，进行中锋冲击式内线攻击；还可以从高位运球突破开始，再由内传外进行远投等等。

4. 准

"准"是指外线投篮准，它是实施"跑轰"进攻战术的前提。当运用"跑轰"进攻战术创造出良好的进攻时机时，但是却投不准，试问，"跑轰"进攻方式又有什么价值？它所创造的良好进攻时机又有什么意义？因此，只有外线投篮准，才能实施"跑轰"进攻战术。它包含着三个层面的意义。其一，技术层面。它是指投篮者本身投篮技术水平高，能掌握正确的投篮动作和具有在比赛中正确完成技术动作、正常发挥技术水平的能力。其二，战术层面。它是指通过战术配合，创造良好的投篮时机。只有通过合理、有效的战术配合，创造和选择最好的投篮时机，创造"无或很少干扰"的投篮时机，才能保证较高的投篮命中率。其三，心理层面。影响投篮准确性的心理因素很多，其中最主要的有：第一，担忧无篮板球而影响投篮果断出手的心理因素；第二，习惯于以外线投篮为创造

主要进攻效益的心理适应因素；第三，"属于自己"的投篮方式、投篮区域与战术创造的投篮时机产生冲突时，形成心理平衡的因素等等。只有解决了技术、战术、心理三个层面的问题，才能使整体进攻阵容获得准确的外线投篮命中率，才能更好地实施"跑轰"进攻战术。

综上所述，可以清楚地看出："跑轰"进攻模式以"追着打""由外向里"移动性进攻战术配合产生的有冲击力的内线攻击、以及"由里向外"连续快速运球突破分球创造外线投篮的外线攻击，构建了一种快速、多点、机动的"以外线进攻为主"的进攻模式。

第二节 "跑轰"战术的快攻与"追着打"的进攻方式

当防守方由守转攻时，对手在退防的过程中，会出现"短暂的混乱状态"，难以建立有次序、多层次的防守阵型和整体防守体系。由攻转守一方在"短暂的混乱状态"中，其主要防御区域只能在进攻威胁最大的内线，却无暇顾及广大而又遥远的外线防区。此时，进攻方采用的快速进攻方式统称为快攻与"追着打"的进攻方式。其中快攻是指：由守转攻时，乘对手尚未及时退防，以"脱空"上篮或"以多打少"等快速结束战斗的进攻方式，称为快攻。当快攻时机失去之后，防守方并未完全脱离"短暂的混乱状态"，此时，进攻方不改变进攻节奏，而是进行以外线投篮为主的"乘乱进攻"。这种乘对手"落脚未稳"果断攻击的进攻方式，称为"追着打"。当今 NBA 赛坛，几乎所有球队都普遍运用快攻与"追着打"的进攻方式。所不同的是：其他球队主要在"追分时段"实施"追着打"进攻方式,而在比赛的主要时段,当快攻时机失去之后,均改变进攻节奏,进行阵地进攻。与此全然不同的是:"跑轰"模式以"追着打"为主要进攻方式。快攻与"追着打"进攻方式主要分为如下几个阶段。

一、"跑轰"战术快攻与"追着打"的发动方式

"跑轰"进攻模式的快攻与"追着打"的发动方式主要有三种。

(1) 重点接应人方式

由重点接应人发动快攻的方式,是目前 NBA 球队发动快攻的主要方式,也是"跑轰"进攻模式发动快攻的主要方式。例如:太阳队的发动快攻主要运用这种形式(图 2-1)。太阳队的快攻重点接应人是纳什。在一般情况下,无论是谁抢得后场篮板球,都首先寻找纳什,并快速传球给他。由纳什运球、快速短传或长传过前场,完成快攻的发动。纳什接应球的区域不限。一般情况下,纳什往往在持球人最易传球的区域(后场持球人所在的一侧)。当防守方封阻持球人时,纳什快速移动,主动接近持球人,接球后运球推进前场,发动和组织快攻。

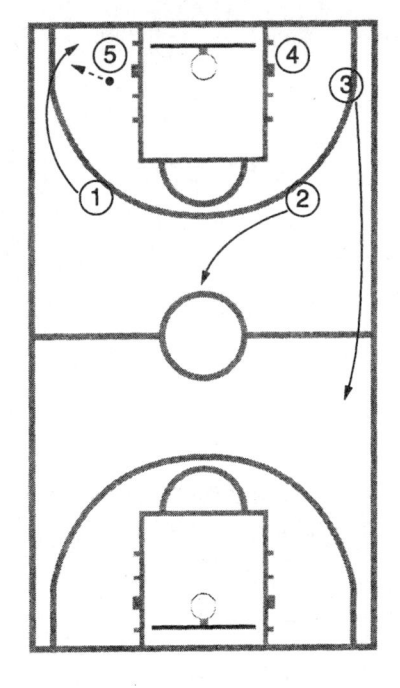

图 2-1 重点接应人方式

(2) 快速传球给中场接应人发动快攻的方式

"跑轰"进攻模式在实战中往往采用由中场接应人接"一传"的方式发动快攻。例如：太阳队快下队员巴博萨或希尔往往在中场附近接"一传"，当抢到后场篮板后，持球者往往能直接传球给快下人（巴博萨或希尔），然后，由快下人进行快攻强打（图2-2）。

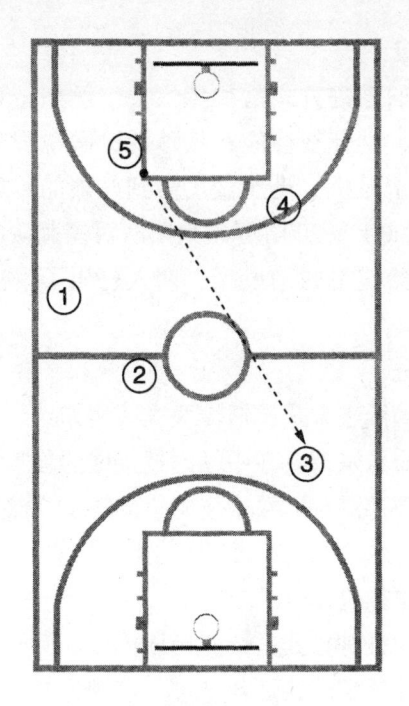

图2-2　中场接应人方式

在上述两种快攻发动形式中，第二种发动形式的推进过程，一经发动，就由快下人运球直接进行攻击，所以其推进过程在一般情况下不会发生变化。而由重点接应人（纳什）接球发动快攻的推进方式，却蕴含着多种演变形式。

二、"跑轰"战术快攻与"追着打"的推进方式

"跑轰"模式的快攻推进方式有：长传推进、短传推进、运球推进三种方式。

(1) 长传推进

第一种快攻的推进方式是长传快攻。例如：太阳队纳什接球后长传发动快攻，纳什往往能在接球后，敏锐观察到队友在快下中获得的有利攻击时机，迅速做出恰到好处的传球，使队友抢攻得手。例如：在2006—2007赛季太阳队对马刺队的比赛中，纳什在后场直接传球给快下的马里昂，两人打出了一次长距离的"空中接力"。

(2) 短传推进

第二种快攻的推进方式是短传快攻。例如：纳什接球后短传发动快攻。巴博萨与希尔都有在中场附近接球的战术安排。当纳什接球后，能迅速发现"潜伏"在中场附近的队友，然后，迅速传球给他们，由他们进行快攻结束阶段的攻击。

(3) 快速运球推进

第三种快攻的推进方式是快速运球推进。例如：纳什接球后运球发动快攻。纳什经常直接运球推进到前场，并且在防守疏忽的时候，直接进行远投或运球急停跳投进行攻击。目前NBA比赛中快攻的主要推进方式是运球推进的方式。传统篮球理论认为：在快攻中，首先要求在发动阶段一定要突出一个"快"字，即一传接应快，运球推进快，以最短的时间，最简捷的方式，快速完成快攻攻击前的准备过程。而一到快攻的攻击阶段，反而不应该一味追求攻击的速度，而应该追求攻击的质量，追求攻击的成功率。如果在此时一味追求攻击速度，则容易忙中出乱、忙中出错，造成不必要的

失误，以至于浪费掉良好的攻击机会。因此，在快攻阶段，应该强调的是认清攻击的局势，准确地把握最恰当的攻击时机，选择准确攻击的方向和时机。而要做到这一点，反而需要强调一个"慢"字。因为，只有"慢"，才能在乱作一团的混乱局面中，清醒地、准确地观察到防守的薄弱之处，并做出最恰当的攻击选择，实施最合理的攻击。

纵观 NBA 诸强的快攻过程，当抢到后场篮板球由守转攻之时，仍然是强调一传接应快；而当重点接应人持球之后，却更多是以一种相对慢的速度推进。这说明：NBA 现行的快攻理论已经把快攻的攻击阶段提前到重点接应人持球之后，即一旦重点接应人持球，则快攻已进入攻击阶段。这种最新的快攻理念，解释了目前NBA诸强在快攻中"慢"推进的现象：当以重点接应人最先持球所在区域（后场）开始计算快攻攻击阶段时，则攻击的范围更大，防守方由攻转守后出现混乱的时间更长，防守方因混乱暴露的薄弱环节更多，而进攻方可以乘势攻击的机会更多。可以这样认为："慢"节奏的运球推进，可以清楚地观察到场上局面，可以清楚地看到敌我双方攻防进行的程度，清楚地知道己方队员哪一点已是最好的攻击机会，然后准确地发动最后的攻击。"慢"节奏的运球推进，产生清楚的观察，产生冷静的判断，进而产生正确的战术行动选择，产生较高的攻击成功率。NBA 比赛中快攻的实践证明，快攻不但要以快治慢，更要强调快中以慢治乱，唯其如此，才能有效地提高快攻成功率，实现快攻的最大价值。

"跑轰"进攻模式之所以攻击的速度快、攻击的次数多，其中一个主要原因是因为他们进行快攻与"追着打"的次数多，而它之所以能进行多次快攻与"追着打"，与他们以多种形式酌情运用发动快攻有极为重要的关系。首先，他们可以根据双方不同的态势，发动各种形式的快攻。不仅能发动"以多打少"的快攻，还能充分利用对手退后以后出现的混乱状态，进行"以少打多"的"追着打"攻击。如此打法，既可以充分发挥"跑轰"进攻模式快速灵活进攻方式的攻击特长，又能充分发挥外线队员（巴博萨等）乘乱以少打多的技术特点，还能拉动对手进入自己习惯的比赛节奏，进行一场以快对快，以乱对乱的比赛。而在这种比赛节奏中，可以尽情发挥自己快速灵活、以乱治乱的技术优势，使对手失去习惯的节奏，抑制其技术特长的发挥，使其陷入一种被制约的比赛过程之中。

三、"跑轰"战术快攻与"追着打"的攻击方式

1. 快攻与"追着打"的攻击路线

传统快攻理论一直强调：在快攻完成阶段，应形成"三线攻击"的线路，以形成整体平面打击（图2-3）。这种理论的实质是：它认为"快攻是由一部分人参与的局部进攻行动"。但是，"跑轰"进攻模式却认为：快攻是全体进攻体系共同参加的快速进攻行动；快攻是最为重要的进攻行动。在如今比赛对抗更加激烈、攻守转换速度愈来愈快的情况下，"三线快攻"显然已不能形成以多打少的有利局面了，而是需要增加快攻中的"突分外传远投"和高大内线队员

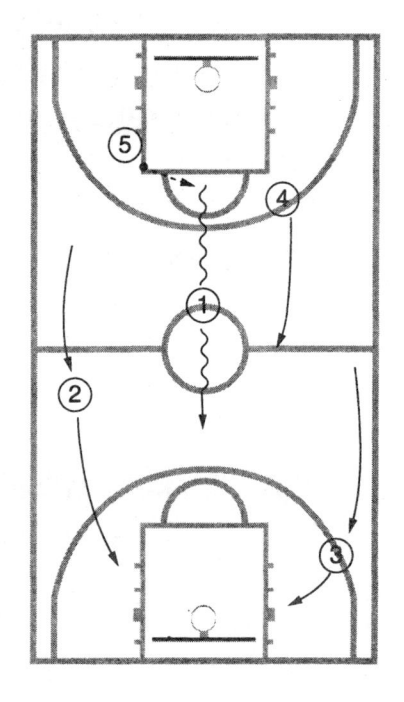

图2-3 三线快攻路线

"后续跟进攻击"这两个新的内容，才能实现快攻的更大价值。这就需要把传统的、整体平面、以多打少的"三线快攻"理论，增加为整体立体的"四线快攻"理论。

在比赛实践中，由于攻守转换速度加快，以多打少的快攻局面越来越少，但是，退守中的慌乱无序状态依然存在。从理论上讲，进攻队员忽然成为被逼防的对象，人的意识转换以及由此外化的行为，都存在一个转化过程。因此，攻守转换中短暂的失人和失去合理防守位置是不可避免的。在攻守转换中产生的慌乱无序，其根本原因就在于这种防守失人失位的情况存在。而退守中慌乱无序的程度，取决于"找人、寻位"的时间，越快找到所防之人和回到合理的防守位置，则慌乱无序的程度越轻。

快攻的目的，是要充分利用攻守转换时防守出现的慌乱无序状态，不管在慌乱无序状态中退守的人少于参加攻击的人，还是等于甚至是多于直接参加攻击的人，都要以有计划、有目的、有步骤的快速打击，打击防守方在退守中的慌乱无序状态，因为快攻的进程，并不由于防守退防的人多而结束，而真正快攻的结束，应该在防守方慌乱无序状态完全消失之时。在此之前，快攻应该不间断地持续进行。

因此，快攻的攻击路线仅仅是平面的三线攻击是完全不够的。快攻的路线决不可能只限于三线，也不可能是机械的。而应该是随机的和随防守的状态而不断变化着的，其中最显著的变化，是高大内线队员通过快速移动，实施跟进攻击。这便是进攻线路的第四条线，正是由于这条线的存在，使快攻线路立体化。

(1) "跑轰"战术的"随机"攻击路线

"跑轰"进攻模式的快攻和"追着打"的攻击路线，是随机的，是随防守方状态变化而变化的。既有"以多打少"，也有"以少打多"，而不是只局限于"三线快攻"。唯有如此，才能展现"跑轰"进攻模式既不盲目"乱打快攻"，又不放过任何可能进行快攻的老练

而狠辣的战术风格。值得注意的是，当"多线快攻"出现时，快下队员并不是一味冲向篮下，而是有意留在三分线外，等持球队员直接攻击受阻时把球传出，接球后在外线定点投篮。例如：在实战中，当纳什运球推进时，希尔、巴博萨都会快下或有意留在外线"自己的投篮点"上，等防守方拦截时，接纳什的传球投篮。当巴博萨在中场接球后快速运球突破时，希尔、纳什等队员则会有意留在外线"自己的投篮点"上，接巴博萨由内向外的传球，果断投篮。

(2) "跑轰"战术的"四线快攻"路线

因为"跑轰"进攻模式把快攻看成是一个整体进攻行动，所以其高大内线队员都积极快速跟进攻击，从而使其快攻路线形成立体的"四线快攻"。例如：太阳队的内线快下队员主要是斯塔德迈尔和马里昂等高大队员。正是因为斯塔德迈尔和马里昂等高大队员的快下，使太阳队的攻击路线形成"四线快攻"的立体攻击路线。

2. "跑轰"战术的快攻与"追着打"的攻击方法

"跑轰"进攻模式快攻与"追着打"的攻击方法包括："三个波次攻击"。在实战中，"三个波次攻击"在"四条线路"上随机进行。

(1) 第一波次攻击

当抢到篮板球"一传"之后，希尔或巴博萨沿边线快下速度很快，能迅速在两翼形成快攻的攻击"尖刀"。由纳什快速运球推进或把球传给希尔、巴博萨，纳什运球急停投篮、由希尔、巴博萨快速运球上篮或快速运球急停投篮，完成太阳队快攻的第一波次攻击（图2-4）。

(2) 第二波次攻击

当"第一波次攻击"受阻时，纳什或希尔、巴博萨改直接攻击为运球突破分球，将球传给正在外线已做好充分准备的"潜伏"队

第二章 "跑轰"进攻战术

员或内线高大"跟进"队员（图2-5）。而"跑轰"进攻模式的高大跟进队员敢于果断外线投篮，使其快攻和"追着打"进攻方式具有更大的进攻威胁。

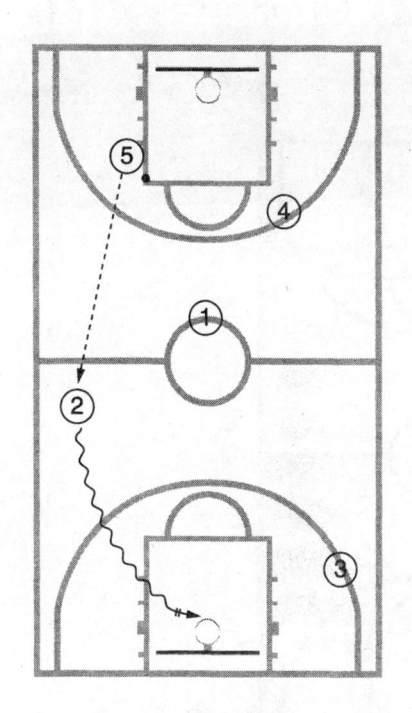

图2-4 第一波次攻击　　　　　图2-5 第二波次攻击

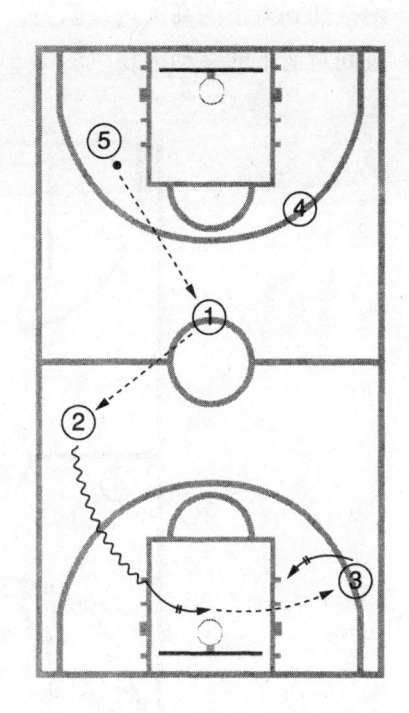

此时退防的防守队员，退至罚球区附近，其防守关注的重点，是各种形式的篮下攻击，而无暇关注外线远投。

（3）第三波次攻击

在快攻过程中，由快速运球突分与外线远投组成的"第二波次攻击"配合，尽管不易防守，但这种外线攻击的成功率，远不如快速跟进的高大内线队员空切篮下，实施篮下攻击的成功率高。当外线"潜伏"队员持球准备投篮时，防守的注意力已由罚球区附近转移到持球投篮点。此时，从后面快速跟进的高大内线队员，恰好到达罚球区附近，他们正好利用防守注意力不在他们身上的瞬间，快速空插到篮下。而外线准备投篮的队员，改远投为传球，乘机传球给空插到篮下的高大内线队员，实施快攻过程中"第三波次"在行进间对篮下的移动进攻（图 2-6）。

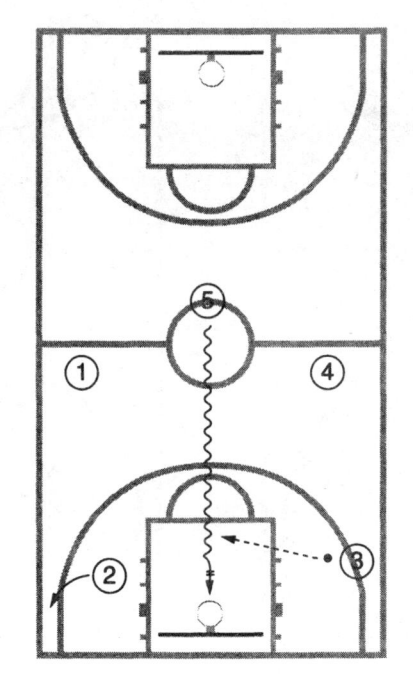

图 2-6 第三波次攻击

综上所述，可以看出："跑轰"进攻模式的快攻，由三个波次，四条线路构成。第一波次是快攻抢攻，当抢攻不成，改强行上篮为运球突破分球，形成快攻过程中的突分远投配合，是快攻过程第二波次攻击。与此同时，跟进的高大内线队员乘机空切篮下。一方面可冲抢前场篮板，另一方面，远投队员可改投为传，把球传给

切向篮下的高大内线队员，实施冲击式篮下强攻，这是快攻第三波次的攻击。

四、本节结语

在快攻中实施"三波段、四线攻击"的攻击方式，旨在充分利用对手由攻转守时的慌乱无序状态，实施连续不断的层次性攻击，运用抢攻，突分远投，高大内线队员冲击式空插上篮等攻击手段，形成整体立体攻击体系。使用此种打法，应该基于两种考虑：其一，防守处于慌乱无序状态，但进攻一方的组织与行动也远没有阵地进攻那样有序，此时攻击是"以乱制乱"的攻击。作为进攻方，应考虑本队"以乱制乱"的能力。以太阳队而论，当巴博萨在场上时，太阳队快攻次数明显增多。由此可知，太阳队的巴博萨是一个乘乱攻击的好手，当他在场上时，太阳队"以乱制乱"能力明显增加。其二，进攻方应考虑"以乱制乱"的攻击成功率与阵地进攻的攻击成功率相比哪一个更高。太阳队是一支快速进攻成功率很高的球队。在太阳队进攻阵容中，纳什、希尔、巴博萨都是乘乱攻击的好手，太阳队快攻与"追着打"的进攻成功率高于阵地进攻。因此，太阳队把快攻和"追着打"的进攻方式作为主要进攻方式之一。

第三节 移动掩护投篮的进攻方式

移动掩护投篮的进攻方式，是NBA赛场非常流行且实用的进攻战术。其进行方式为：当控卫持球时，投篮队员通过长距离、大范围、多掩护的快速移动,摆脱其"对位"防守队员,获得"设计中的"投篮时机,然后接球投篮的进攻战术。在一般情况下,战术指挥和投篮两项主要工作,都由"专职人员"担任。而这种由"专人专职"承担的进攻战术,也相对容易被防守方"重点防守"的策略所破坏。

但是,"跑轰"进攻模式的移动掩护投篮进攻方式与其他进攻模式有明显区别:"跑轰"进攻模式的移动掩护投篮进攻方式更为机动、灵活。其中最为关键的一点是:它的投篮点设置更多、更灵活,其中控卫既是战术"指挥官"又是"投篮手",他在指挥战术进行的同时又在完成战术最主要的工作。这种设置使这一战术灵活多变,使防守方的"重点防守"策略失去"预定目标"。例如:太阳队的移动掩护投篮进攻方式,纳什既是战术指挥者,又是投篮手。他在指挥其他队友移动掩护投篮的同时,自己随时准备投篮。使对手很难建立"重点防守"的有效设置。"跑轰"进攻模式的移动掩护投篮进攻方式具体实施方式有以下几种。

一、长距离、大范围、多掩护移动接球投篮的进攻方式

(一) 为"专门投篮人"设计的移动掩护投篮进攻方式

(1) 参战阵容
①纳什;　　　　　　　②理查德森;
③希尔;　　　　　　　④弗莱;
⑤斯塔德迈尔。
(2) 战术进行过程
如图 2-7-1 所示,希尔传球给纳什,纳什又回传球给希尔,与

此同时，右侧的理查德森悄悄移动到内线，与弗莱一起，形成"双人掩护"。

如图 2-7-2 所示，纳什回传球给希尔后，利用斯塔德迈尔和弗莱、理查德森（"双人掩护"）两次掩护，迅速沿底线移动到另一侧，接希尔传球后，果断投篮。

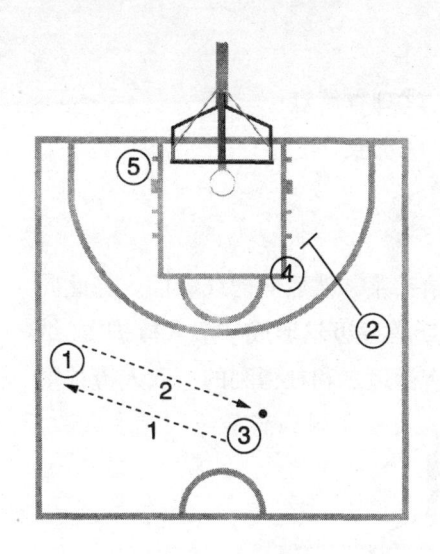

图 2-7-1 "专门投篮人"移动掩护进攻方式

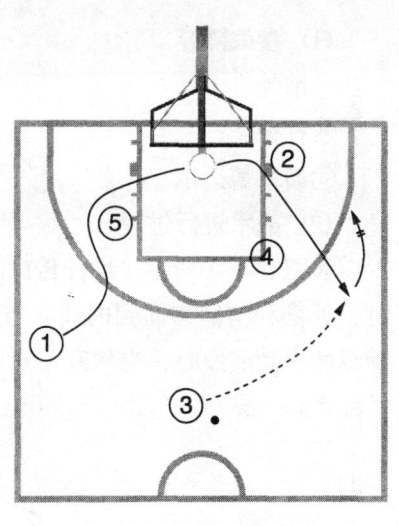

图 2-7-2 "专门投篮人"移动掩护进攻方式

(3) 战术解析

这种进攻战术的关键点在于：第一，担任掩护任务的队员，其行动要隐蔽，与移动投篮人之间要有"默契"。既要帮助移动投篮人摆脱防守，又不能犯规。第二，"专门传球人"与"专门投篮人"之间要有"默契"，投篮人要快速移动、摆脱防守、及时到位；传球人要恰在其时地传球到位，使投篮人在摆脱防守的瞬间接球投篮。值得注意的是：由于"跑轰"进攻模式的"专门传球人"本身也是投篮手,所以,防守方在防守"专门传球人"时,还必须注意其本人的进攻企图。这就使防守增加了难度,从而使进攻方实施此战术时,更加从容自如。

(二) 由"控卫"自己投篮的移动掩护投篮进攻方式

(1) 参战阵容

①纳什;　　　　　　　②理查德森;

③杜德利;　　　　　　④弗莱;

⑤斯塔德迈尔。

(2) 战术进行过程

如图 2-8-1 所示,纳什传球给弗莱,然后向内线纵插。与此同时,杜德利悄悄移动到内线,与斯塔德迈尔形成"双人掩护"。纳什纵插快到底线时,突然利用斯塔德迈尔和杜德利的"双人掩护",

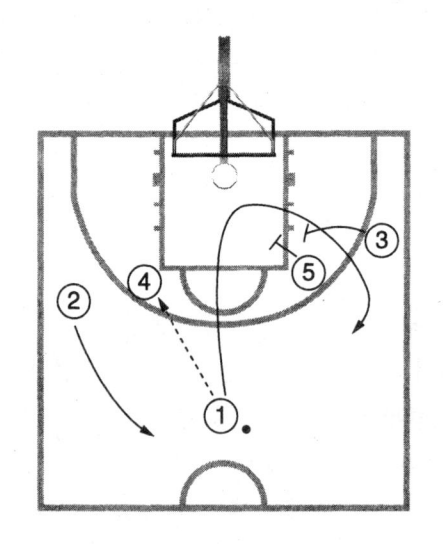

图 2-8-1　由"控卫"自己投篮的移动进攻方式

拉到右侧外线，获得摆脱防守的瞬间投篮机会。

如图 2-8-2 所示，当弗莱持球时，迫使防守方缩小防守范围，不得不放松对外线的防守。此时，纳什恰恰在右侧外线获得投篮时机，于是弗莱按照战术设计，传球给纳什，纳什接球果断投篮。

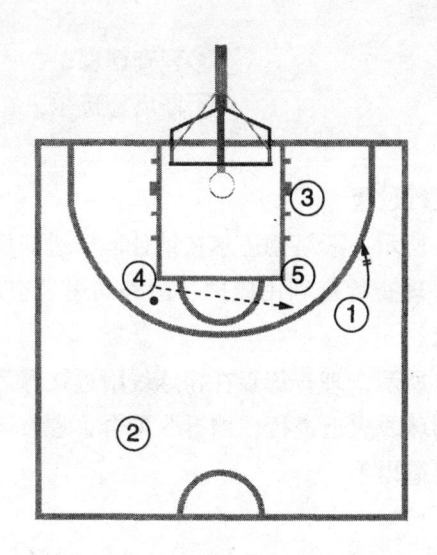

图 2-8-2 由"控卫"自己投篮的移动进攻方式

(3) 战术解析

这种进攻战术的关键点在于：第一，弗莱持球后要有进攻动作，迫使对手缩小防守区域，给外线队友创造良好的进攻环境。第二，"控卫"与给他掩护的队友要有"默契"，掩护的队员既要形成掩护，又要防止犯规。"控卫"的摆脱动作要突然，突然拉到外线，才能充分利用队友的掩护，获得外线投篮时机。第三，内线持球人与"控卫"之间要有"默契"，内线持球人必须在防守缩小防区和"控卫"获得投篮时机的同一时间，传球给"控卫"，使"控卫"在外线稳定投篮。

二、移动后再配合攻击的进攻方式

(1) 参战阵容

①纳什； ②理查德森；
③希尔； ④斯塔德迈尔；
⑤洛佩兹。

(2) 战术进行过程

如图 2-9-1 所示，斯塔德迈尔在纳什运球过前场后迅速上提给理查德森掩护，理查德森利用掩护，由外向里"空切"，纳什快速传球给理查德森。

如图 2-9-2 所示，理查德森在罚球线附近接球后，洛佩兹上提掩护，两人在罚球线附近进行"挡拆"配合，理查德森利用洛佩兹掩护运球突破上篮得手。

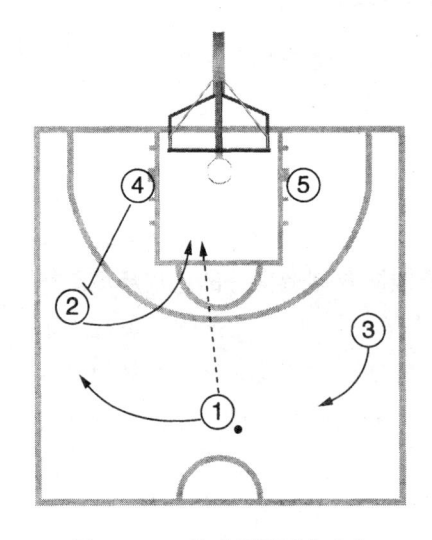

图 2-9-1 移动后再配合攻击　　图 2-9-2 移动后再配合攻击

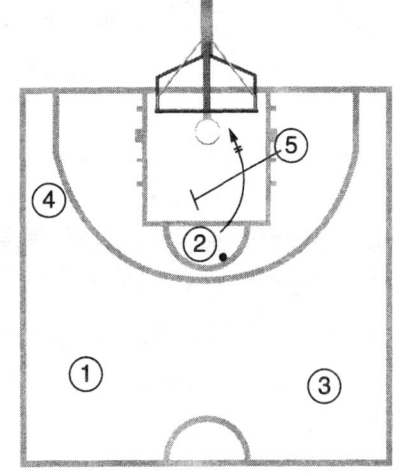

第二章 "跑轰"进攻战术

（3）战术解析

这种进攻战术的关键点在于：第一，战术配合之间的连续性。移动掩护配合与"挡拆"配合之间要紧密连接。罚球线附近是防守的重点防区，如果进攻配合之间不能紧密连接，就会陷入防守方的紧逼"陷阱"。第二，战术连续性的关键点在于洛佩兹的上提时间。洛佩兹必须在理查德森接球未被夹击之时，上提掩护，使理查德森能顺利摆脱防守，利用掩护进行攻击。

三、内线队员移动掩护攻击的进攻方式

（1）参战阵容

①纳什；　　　②理查德森；
③杜德利；　　④斯塔德迈尔；
⑤洛佩兹。

（2）战术进行过程

如图 2-10-1 所示，当纳什运球过前场之后，斯塔德迈尔和洛佩兹迅速上提，形成高位双掩护，纳什利用掩护，从斯塔德迈尔一侧运球突破，遇防守方多人拦截，改运球突破上篮为传球，将球传给右侧外线的理查德森。传球后，纳什移动到左侧，杜德利移动到中场高位。

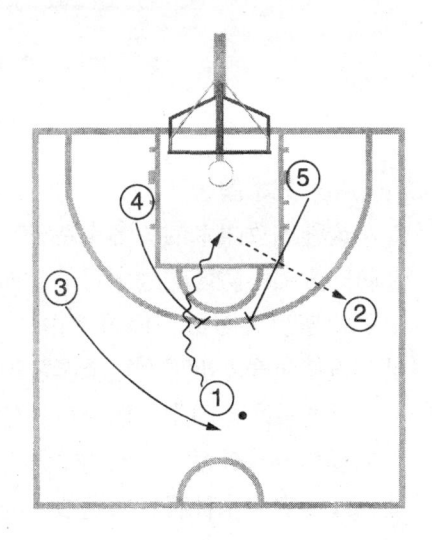

图 2-10-1　内线队员掩护攻击

NBA 经典进攻战术解析

如图 2-10-2 所示，已在高位的洛佩兹主动给斯塔德迈尔掩护，斯塔德迈尔利用洛佩兹的掩护，向有球一侧空插；理查德森乘机传球给斯塔德迈尔，斯塔德迈尔接球后运球上篮。

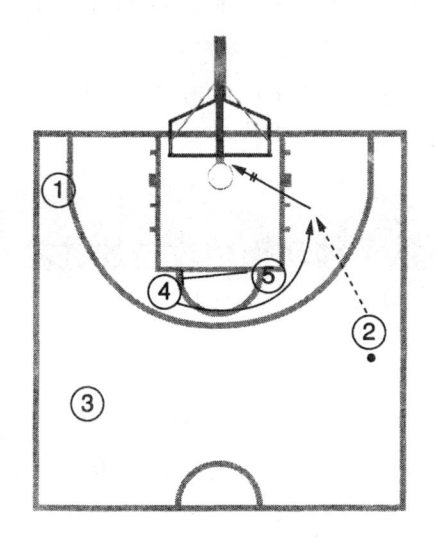

图 2-10-2 内线队员掩护攻击

（3）战术解析

这种进攻战术的关键点在于：第一，高位挡拆配合必须达到迫使防守方缩小防区的战术目的，而纳什的运球突破分球又必须迫使对手快速扩大防区，经过"由外到内"再"由内带外"的战术调动，迫使防守方出现严重疏漏。第二，在由外线队员传球给内线移动队员的战术行动中，两人应该建立一种战术默契，接球进攻人的空插动作要快速猛烈，传球人要"人到球到、恰到好处"。惟其如此，才能实现这种瞬息即逝战术配合的进攻效果。

四、本节结语

通过对本节4种进攻战术的解析，可以看到：移动掩护投篮的进攻方式是一种专门为"神投手"设计的外线进攻方式。这种进攻方式是否具有强大的功效的根本原因在于：第一，每个战术步骤的设置是否严谨、合理。诸如每次掩护是否具有成效，投篮手的移动是否迅捷和能够摆脱"对位防守"，当投篮手获得投篮时机时，球是否能"恰到好处"传到，投篮手能否把投篮时机转换为得分效果。但是，即使这种战术的所有步骤设置都严谨、合理，也难免在多次使用之后，被防守方识破和破解。第二，当防守方识破和破解了为某一个"神投手"设计的移动掩护投篮方式之后，还能否继续使用这种战术的主要因素在于：这种战术本身具有的机动性。这种机动性包括：一种进攻方式的变换方向使用；不同投篮手使用同一种进攻方式。而在这两种机动性中，最具有实效性的是：不同投篮手使用同一种进攻方式。"跑轰"进攻模式的移动掩护投篮进攻方式，既能灵活地改变进攻发动方向，又能灵活地改变"专门投篮手"，并且作为掌控战术进程的"控卫"，也能出任"专门投篮手"。因此，"跑轰"进攻模式的移动掩护投篮的进攻方式，在实战中更具有实效，并在实战中被更广泛运用。

第四节　连续"挡拆"的进攻方式

"跑轰"进攻模式运用"挡拆"配合，明显有别于其他战术体系运用"挡拆"配合。"跑轰"进攻模式运用"挡拆"配合是以获得外线投篮时机为主要战术目的,而不是以突破上篮或传球给中锋篮下攻击为主要战术目的。由此可以看出:"跑轰"进攻模式的战术理念是"以外线进攻为主",而彻底背离"以内线进攻为主"的美国篮球传统进攻思想。

"跑轰"进攻模式之所以执行"以外线进攻为主"的战术原则,根本原因在于其整体进攻战术模式的组成人员相对过于"矮小",因此,它无法获得过多的内线进攻时机,而只能把攻击的重点放在外线。

这也决定了"跑轰"进攻模式的"挡拆"配合往往在掩护运球突破之后,持球人更多地把球传到外线。而外线队员一旦得分增多,则势必引起防守方对进攻方外线接球人实施快速"轮转补防",并使其无法从容远投,进而影响和限制进攻方远投技术的发挥。当这种情况发生时,则逼迫进攻方不得不把第一次外线投篮的选择,改为再一次进行运球突破分球或内、外线快速传球,形成连续使用"挡拆"的进攻方式。通过这种战术改变,创造更有利的外线进攻时机,并获得更高的外线进攻成功率。连续"挡拆"的进攻方式有以下几种形式。

一、连续"挡拆"突分远投的进攻方式

(一) 连续"挡拆"突分底线远投

(1) 参战阵容

①纳什;　　　　　　②理查德森;
③希尔;　　　　　　④斯塔德迈尔;
⑤洛佩兹。

(2) 战术进行过程

如图 2-11-1 所示,当纳什运球过前场后,洛佩兹迅速上提,两人在左侧高位形成"挡拆"配合。纳什利用洛佩兹的掩护,快速从左侧运球突破,遇到防守拦截,改投为传,将球传给右侧外线的队友希尔。

如图 2-11-2 所示,希尔的第一个战术选择是投篮,但是,当防守队员快速"轮转补防"严重影响希尔稳定投篮时,希尔改投为突,再一次利用斯塔德迈尔的掩护,向内线快速运球突破。当希尔遇到防守"围堵拦截"时,再一次改投为传,传球给右侧底线的队友理查德森,理查德森接球投篮。

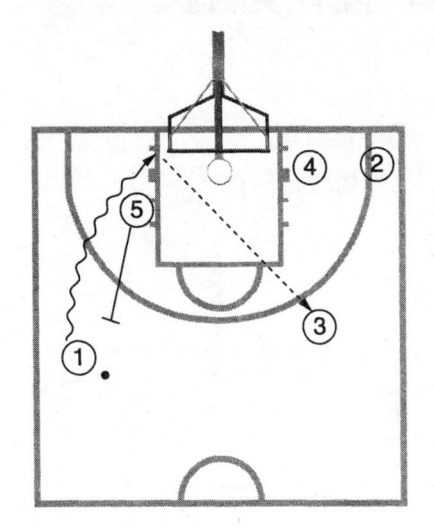

图 2-11-1 连续"挡拆"突分远投   图 2-11-2 连续"挡拆"突分远投

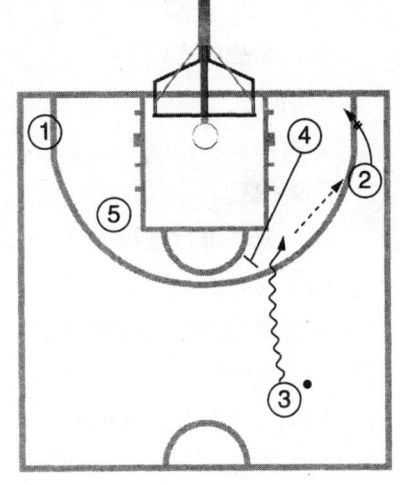

(3) 战术解析

这种进攻战术的关键点在于:第一,进攻方运球突破队员必须具有进攻威胁,唯其如此,才能迫使防守方缩小防区,否则,如果

进攻方运球突破队员不具有进攻威胁，不但不能迫使防守方缩小防区，还可能使持球人"吊在空中"、无"点"可传，成为"死球"。第二，进攻方第一次"挡拆"配合中的外线接球人，当他接到突分传球时，他的第一个进攻选择是投篮。只有这样，才能诱使防守方被迫扩大防区，并由此产生再一次运球突破的"战机"。第三，进攻方第二次"挡拆"配合的发动人必须具有非常强的改变战术行动的灵活性，这种改变战术行动的灵活性是"改投为突"和"改投为传"必备的战术素养，是完成整体进攻战术过程的基础战术素养和必备因素。

（二）"挡拆""策应"再"挡拆"突分远投

（1） 参战阵容

①纳什； ②理查德森；

③希尔； ④斯塔德迈尔；

⑤洛佩兹。

（2） 战术进行过程

如图 2-12-1 所示，纳什运球过前场之后，洛佩兹上提，两人形成"挡拆"配合。纳什利用洛佩兹的掩护，从左侧运球突破，遇到防守队员围堵拦截，传球给另一侧移动中的内线队员斯塔德迈尔。纳什传球后移动到右侧底线，希尔向中场高位移动。

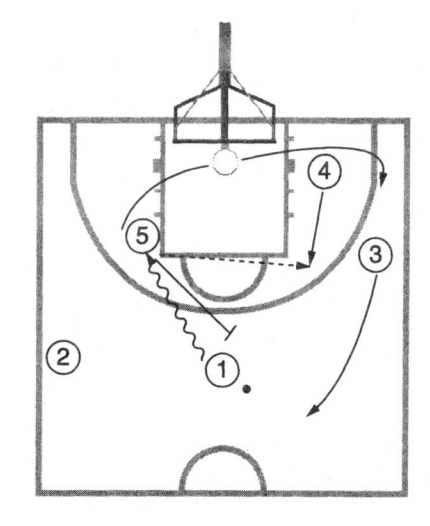

图 2-12-1　连续"挡拆"突分远投

如图 2-12-2 所示，斯塔德迈尔持球后遇到防守围堵夹击，无法采取直接攻击行动，于是，"策应"传球给到高位的队友希尔，希尔接球后，洛佩兹上提给希尔做掩护，两人形成第二次"挡拆"配合。希尔利用洛佩兹的掩护，从左侧运球突破，遇防守封堵，传球给右侧底线的纳什，纳什接球远投。

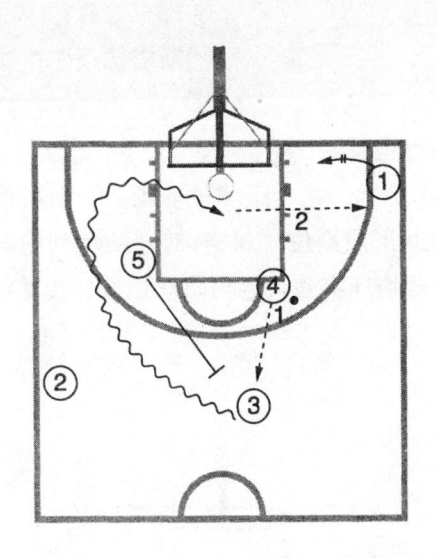

图 2-12-2　连续"挡拆"突分远投

(3) 战术解析

这种进攻战术的关键点在于：第一，战术层次繁多、过程复杂，必须做到各层次清晰、目的明确，才能做到层次多而不乱，战术过程复杂而效果显著。第二，战术的目的是通过攻击点的内、外转移，迫使防守的重点由内带外、再由外到内。在防守重点被迫移动中，防守方会出现重大疏漏，而防守方出现的疏漏，也正是进攻时机的产生前提。进攻方必须抓住防守疏漏，形成进攻时机，乘机攻击，方能取胜。

二、"挡拆"后由中锋策应远投的进攻方式

(1) 参战阵容

①纳什；　　　　　　②理查德森；
③希尔；　　　　　　④斯塔德迈尔；
⑤洛佩兹。

(2) 战术进行过程

如图 2-13-1 所示，纳什运球过前场后，斯塔德迈尔和洛佩兹一起上提到高位，形成高位"双掩护"；纳什利用高位"双掩护"，从洛佩兹一侧运球快速突破，遇到防守拦截，传球给另一侧内线队友斯塔德迈尔。

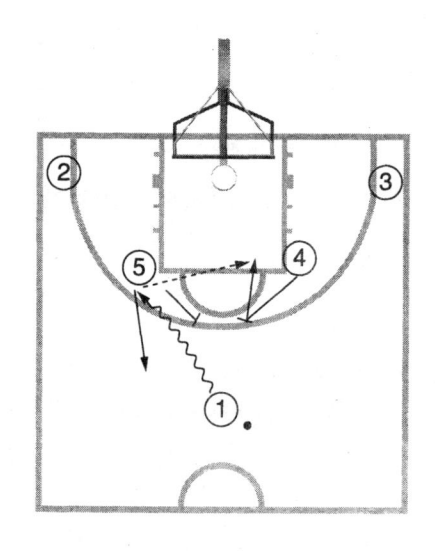

图 2-13-1 "挡拆"后由中锋策应远投

第二章 "跑轰"进攻战术

如图 2-13-2 所示,斯塔德迈尔持球后,遇到防守方缩小防区后实施的"围堵夹击"。斯塔德迈尔乘机策应传球给外线队友希尔,希尔接球投篮。

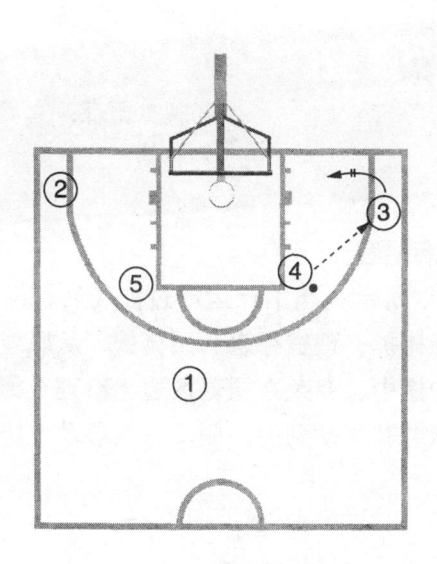

图 2-13-2 "挡拆"后由中锋策应远投

(3) 战术解析

这种进攻战术的关键点在于:第一,"挡拆"配合中内线接球队员必须既具有内线攻击威胁,又能够策应传球,惟其如此,才既能迫使对手缩小防区,又能在防守方外线防区出现疏漏之时,策应传球给外线队友,创造外线进攻时机。第二,外线投篮手必须具有良好的投篮技术和稳定的心理素质。第三,以整体进攻战术的设计要求,来安抚和稳定投篮手的心理状态,使之可以"大胆"投篮,排除干扰。

三、"挡拆"突分后快速传球远投的进攻方式

(1) 参战阵容

①纳什； ②理查德森；
③希尔； ④弗莱；
⑤斯塔德迈尔。

(2) 战术进行过程

如图 2-14-1 所示，当纳什运球过前场后，斯塔德迈尔拉出主动为理查德森掩护，理查德森利用掩护，从底线快速移动到另一侧，在移动的途中，弗莱在罚球区边上给理查德森做第二次掩护，使理查德森顺利移动到另一侧。这次移动使防守阵型陷入混乱状态。

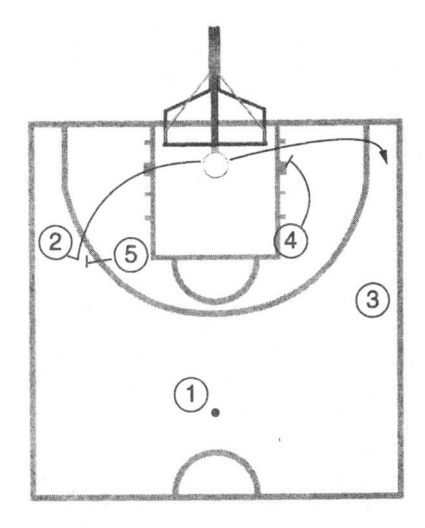

图 2-14-1 "挡拆"突分快传远投

第二章 "跑轰"进攻战术

如图 2-14-2 所示，斯塔德迈尔在为理查德森掩护后，又快速上提为纳什掩护，两人形成"挡拆"配合。纳什利用斯塔德迈尔的掩护，从左侧运球突破。此时，防守方的注意力都集中在纳什和斯塔德迈尔身上，却忽略了对进攻方其他外线队员的防守。纳什乘防守疏漏之机，传球给远侧外线队友希尔，希尔接球后准备投篮，却遇到防守方"轮转补防"队员快速补防，使他不能从容投篮。与此同时，"潜伏"在底线的理查德森已处于无人防守的状态。希尔乘机快速传球给理查德森，理查德森接球投篮得分。

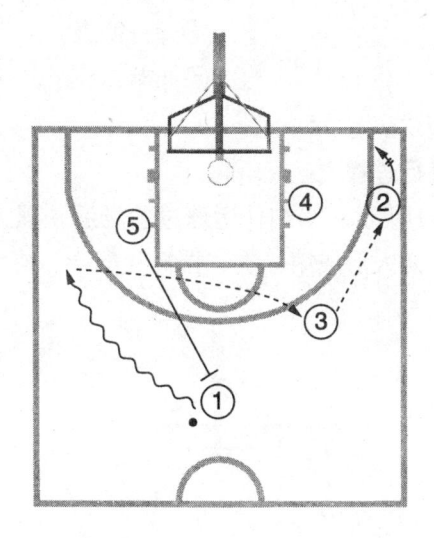

图 2-14-2 "挡拆"突分快传远投

(3) 战术解析

这种进攻战术的关键点在于：第一，此战术需一个整体谋划，一部分是"虚"，另一部分是"实"。"虚"要"真实"，方能骗过防守；"实"要突然，突然的攻击行动，才能获得功效。第二，在此战术中，由两名绝对主力担当"虚"的诱惑防守的任务，这样做更能起到迷惑对手的效果。第三，"潜伏"队员要处于无人注意的区域，而这一区域最好也是"潜伏"队员的投篮"熟悉"区域，是他投篮准确性最高的区域。惟其如此，才能使这种战术获得最大进攻效率。

四、连续掩护的"挡拆"突分远投的进攻方式

(1) 参战阵容
①纳什；　　　　　　②理查德森；
③杜德利；　　　　　　④弗莱；
⑤斯塔德迈尔。

(2) 战术进行过程
如图 2-15-1 所示，当纳什运球过前场后，理查德森从侧翼过来为纳什掩护，两人形成第一次"挡拆"配合。纳什利用掩护，运

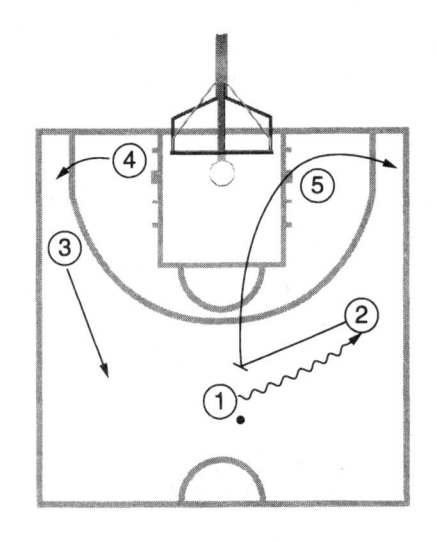

图 2-15-1　连续掩护的"挡拆"突分远投

球向右侧移动。理查德森掩护后，快速从内侧移动到右侧底线，"潜伏"下来。

如图 2-15-2 所示，斯塔德迈尔快速上提为纳什掩护，两人形成第二次"挡拆"配合。还在运球的纳什再一次利用斯塔德迈尔掩护，快速从内侧运球突破，遇到防守围堵拦截，乘机传球给被防守疏漏的外线"潜伏"队员理查德森，理查德森接球投篮得分。

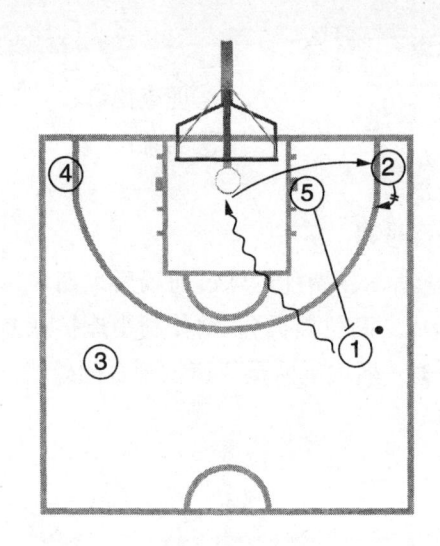

图 2-15-2　连续掩护的"挡拆"突分远投

(3) 战术解析

这种进攻战术的关键点在于：第一，"控卫"在阵地进攻中长时间运球本来是大忌，但是，这种战术行动却能吸引更多防守的关注，为进攻方"潜伏"队员提供机会。第二，一次"挡拆"配合未必能创造出良好的进攻时机，而换人发动第二次"挡拆"配合也未必来得及，所以，以一人持续运球发动两次"挡拆"配合，就成为一种"必然而自然"的进攻方式。第三，战术执行者要有全局观念，无论运球人持续运球多久，都要有条不紊，程序不乱，都要全局"一盘棋"。惟其如此，才能用"不规范"的战术行动，创造显著的进攻效果。

五、"挡拆"后再运球突破攻击的进攻方式

(1) 参战阵容

①纳什；　　　　　　　②理查德森；

③希尔；　　　　　　　④弗莱；

⑤斯塔德迈尔。

(2) 战术进行过程

如图 2-16-1 所示，纳什运球过前场后，斯塔德迈尔上提为纳什掩护，两人形成"高位挡拆"。纳什利用掩护从左侧快速运球突破，与此同时，另一名内线队员快速拉到右侧外线。在纳什运球突

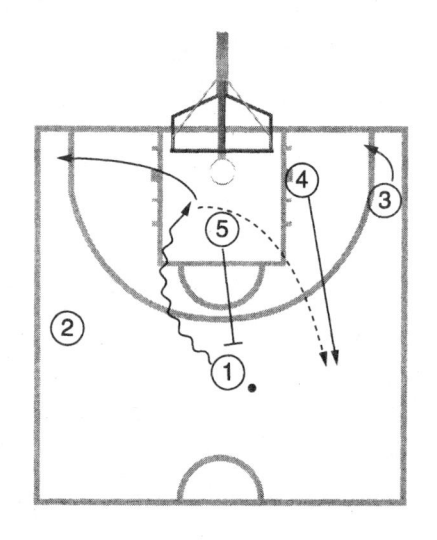

图 2-16-1 "挡拆"后再运球突破攻击

破过程中，遇到防守方围堵拦截，不能直接攻击，于是纳什改投为传，传球给弗莱。然后，移动到左侧底线。

如图 2-16-2 所示，弗莱是一个远投很准的内线队员，所以当弗莱持球时，引起防守方高度重视和快速补防，使之不能从容远投。于是，弗莱改投为传，快速传球给左侧的理查德森。理查德森得球后，乘防守队员快速上防、收势不及、失去合理防守位置之虞，改投为突，快速运球突破。此时，虽然球在理查德森手中，但是理查德森四周的队友都是很有威胁的进攻队员，所以防守方不能不关注这些进攻队员，而不能全力防守理查德森。理查德森乘虚而入，直接运球突破上篮得分。

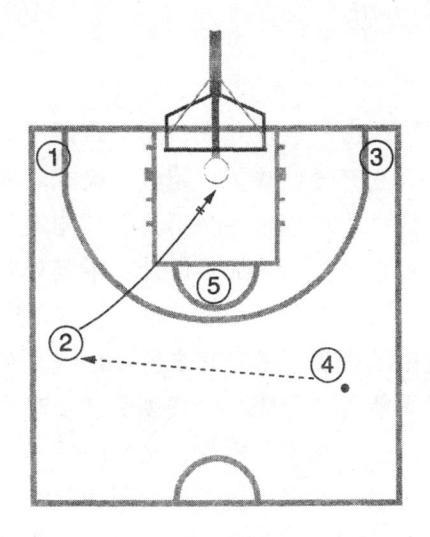

图 2-16-2 "挡拆"后再运球突破攻击

(3) 战术解析

这种进攻战术的关键点在于：第一，每一次战术配合的结果都应具有进攻威胁。比如：纳什的运球突破；弗莱的持球欲投；理查.

德森的运球突破等。惟其如此，才能使每次战术配合后出现的变化具有更大的进攻价值。比如：纳什运球突破的"改投为传"；弗莱的"改投为传"；理查德森的"改投为突"等等。第二，每一次战术配合都应具有随机应变的属性。惟其如此，才能使战术"规定"的程序产生更好的进攻效应。任何战术都必须"因情施变"，没有变化的"死战术"，其程序再精妙，也不能应对所有的实战情况；而再简单的战术，只要可以随机应变，也可以化简单为神奇，应对所有实战情况，克敌制胜。可以这样认为："变化"才是一切战术的灵魂。

六、本节结语

连续"挡拆"攻击的进攻方式，是"跑轰"进攻模式最主要的进攻方式之一，它充分反映了"跑轰"模式阵地进攻的主要战术特点。第一，这种进攻战术完全不具有"固定"进攻方式，完全不具有篮下"死扛硬打"的战术设计。惟其如此，才能使战术过程快速、灵活，而不拘泥、死板。第二，这种进攻方式是NBA战术形式中最复杂的进攻战术。它之所以形式复杂，是因为简单的进攻方式，不可能为"跑轰"模式创造进攻时机。灵活、快捷而又相对"矮小"的"跑轰"模式，在相对"静止"的阵地进攻中，必须通过一次又一次简单战术配合积累起来的时间和位置上的"优势"，使防守的疏漏越来越大，最终使其形成无法弥补的防守漏洞，并乘机创造良好的进攻时机，才能将进攻体系灵活、快捷的优势，转化为实战中的进攻效率。第三，复杂的进攻程序中充满了战术变化。战术变化是复杂进攻程序的灵魂。在实战中，每一次简单的进攻战术配合，都是以直接进攻为目的，但是，简单的战术配合未必能创造出良好的进攻时机，而只能通过"变化"

来衔接下一次战术配合，来实现良好进攻时机的再创造。没有战术"变化"，则不能使简单的战术配合之间产生链接机制，产生战术配合的效应积累，最终创造出良好的进攻时机。综上所述，可以看出：以上各点，充分反映出"跑轰"进攻模式快、灵、活、准战术特点的内在基因。

第五节　内线队员"冲击式"攻击的进攻方式

"内外结合"规律是篮球运动最基本的规律之一。它揭示了在进攻过程中，调动防守阵型被动变换产生混乱，进而使防守体系出现漏洞。在实战中，任何外线攻击战术的设计，如果没有内线进攻威胁的牵制，都不可能实现；同理，任何内线攻击战术的设计，如果没有外线进攻的牵制，也不可能实现。因此，"内外结合"规律也是所有进攻战术指导思想必须遵循的最基本原则。亦因此，"跑轰"进攻模式要实现"以外线进攻为主"的战略意图，也必须具备有效率的内线进攻方式。在外线进攻迫使防守方扩大防区的情况下，实施有效率的内线攻击，逼迫防守方再一次缩小防区，使自己最主要的外线进攻优势得到最充分的发挥。

但是，由于"跑轰"进攻模式的内线进攻队员的身高相对较矮（"矮中锋"在进攻中的作用是相对的。他虽然在篮下的"死扛硬打"中不占优势，但是，他却具有极好的灵敏性，他能灵活地参与整体进攻行动，从而使整体进攻阵容具备灵活性战术行动特征），所以，"跑轰"模式的内线进攻方式也与身材高大球队的内线进攻方式具有明显的区别。

首先，"跑轰"模式很少运用"固定式"内线进攻方式，很少进行篮下的"死扛硬打"。即使偶尔进行篮下"死扛硬打",也是通过战术移动使对方的内线防守出现松懈时进行,或通过战术中的"移动换位",出现"以大打小"时进行。

其次,"跑轰"模式的内线进攻方式,以"移动性"内线进攻方式为主。它充分利用"矮小、健壮"内线队员动作迅捷、具有冲击力的特点,发动以中锋冲击式进攻为特征的"移动性"内线进攻。这种进攻方式有以下几种形式。

一、"高位挡拆"后内线队员冲击式攻击的进攻方式

(1) 参战阵容

①纳什;　　　　　　②理查德森;
③希尔;　　　　　　④斯塔德迈尔;
⑤洛佩兹。

(2) 战术进行过程

如图 2-17-1 所示,当纳什运球过前场后,斯塔德迈尔先拉到左侧外线,为理查德森做掩护,理查德森利用掩护,快速从底线移动到右侧。这种战术移动使整体进攻阵型呈现"不规则"阵型,在右侧进攻方有三名队员,呈"密集状态",而在左侧只有纳什和斯塔德迈尔两人,两人占据了广大的区域,非常利于两人进行各种战术配合和发挥进攻技术。

如图 2-17-2 所示,斯塔德迈尔在为理查德森掩护后,再从左侧移动到高位给纳什掩护,两人在左侧进行"高位挡拆"配合。纳什利用斯塔德迈尔的掩护,从左侧运球突破,遇到防守队员拦截,乘机变直接攻击为助攻,传球给做完掩护转身向内线纵插的斯塔德迈尔。斯塔德迈尔接纳什的"妙传",上篮得分。

第二章 "跑轰"进攻战术

图 2-17-1 "高位挡拆"
后中锋冲击式攻击

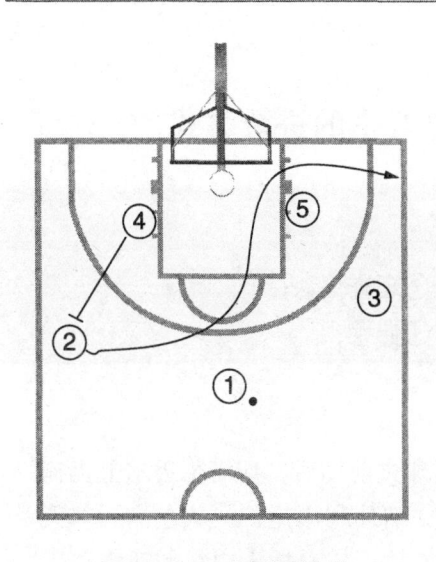

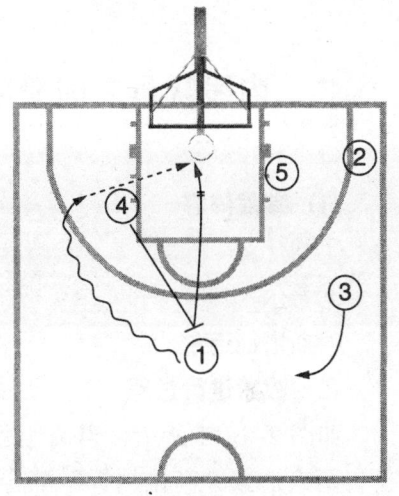

图 2-17-2 "高位挡拆"
后中锋冲击式攻击

(3) 战术解析

这种进攻战术的关键点在于：第一，通过整体战术移动，拉空左侧区域，再进行大区域内的"高位挡拆"。如此打法，便于两人之间产生战术变化，也便于两人在移动中发挥个人技术特长。第二，应注意强调"高位挡拆"中两人各自强势攻击带来的"互助效应"：纳什的攻击威胁，可以使斯塔德迈尔获得"宽松"的进攻环境；纳什良好的进攻转变技能和良好助攻技术，能使斯塔德迈尔在获得进攻时机的瞬间，"恰在其时"地接球攻击。而斯塔德迈尔强大的冲击性进攻威胁，又使防守方不敢全力应对纳什，从而使纳什能根据实际情况更从容地发挥其技术特长。

二、内线队员之间策应攻击的进攻方式

(1) 参战阵容

①纳什； ②理查德森；
③希尔； ④弗莱；
⑤斯塔德迈尔。

(2) 战术进行过程

如图 2-18-1 所示，当纳什运球过前场后，斯塔德迈尔上提掩护，两人形成"高位挡拆"配合，纳什利用掩护，从左侧运球突破，遇到防守队员拦截，传球给掩护后转身插入内线的斯塔德迈尔。纳什传球后快速移动到左侧底线。希尔向中间高位移动。

如图 2-18-2 所示，斯塔德迈尔接球后遇到防守方的严防"夹击"。这时，弗莱改变固有的战术行动"习惯"，没有拉到外线，却

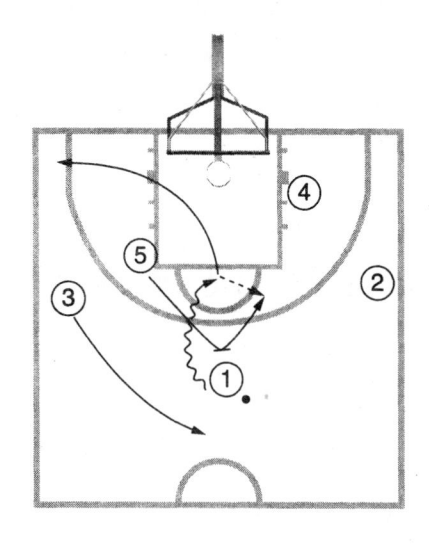

图 2-18-1　内线队员之间策应攻击 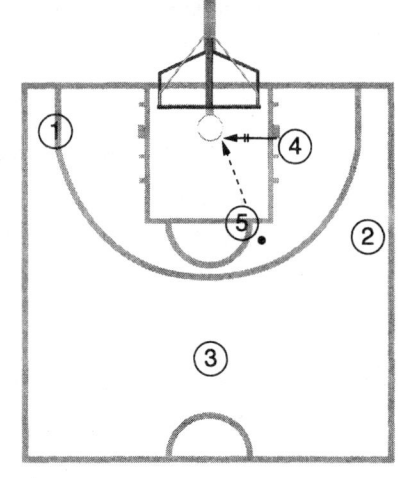　　图 2-18-2　内线队员之间策应攻击

悄悄插到篮下。弗莱的这一"罕见"行动，躲开了防守的注意。斯塔德迈尔改"强行攻击"为传球，传球给悄悄插到篮下的弗莱；弗莱接球扣篮得分。

(3) 战术解析

这种进攻战术的关键点在于：第一，这是一次"跑轰"模式的"习惯性"战术打法被破坏后，持球队员"随机应变"衍生而来的"后续"进攻方式。这是设计中的进攻方式失效后，进攻队员并不勉强投篮，而是"耐心急找"更合理的进攻时机，在关键时刻"灵感闪现、急中生智、被逼出来"的后续进攻方式。它需要的不是坚强的战术执行力，而是"在危急时刻急中生智"的战术创造力。第二，斯塔德迈尔在强攻中"改攻为传"的行动，并不是他的"习惯性"进攻动作，严格的说，斯塔德迈尔的策应能力并不强，弗莱在战术中更多的行动方式是拉到外线，接球远投，而不是强插篮下、死扛硬打。一般来讲弗莱篮下强攻能力很差。但是，在比赛的紧急时刻，非习惯性、非常规的进攻动作，往往是防守思路的"忽略之处"。因此，往往会带来"出其不意、攻其不备"的战术效果。

三、"挡拆"后策应中锋攻击的进攻方式

(1) 参战阵容

①纳什；　　　　　　②理查德森；

③希尔；　　　　　　④弗莱；

⑤斯塔德迈尔。

(2) 战术进行过程

如图 2-19-1 所示，纳什运球过前场后，传球给右侧的理查德森。然后，纳什向左侧移动，旨在为右侧的战术配合拉开行动范

围。当理查德森接球后，斯塔德迈尔和弗莱一起拉到外线，为理查德森设置"双掩护"。

如图 2-19-2 所示，理查德森利用"双掩护"，从底线运球突破，在右侧遇到防守方整体"封堵"，不能实现直接攻击的意图，不得不一直运球到底线左侧。与此同时，纳什移动到中场高位，希尔向左侧上方移动。他们的移动有两个目的：其一，拉开进攻区域，防止对手"围堵夹击"持球队员；其二，保持"攻守平衡"，预防失球后对手偷袭。

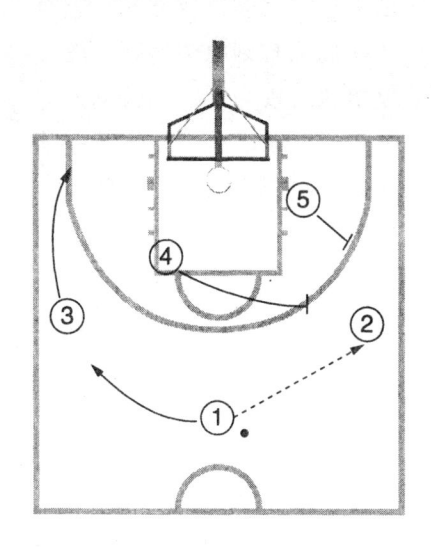

图 2-19-1 "挡拆"后策应中锋攻击　　图 2-19-2 "挡拆"后策应中锋攻击

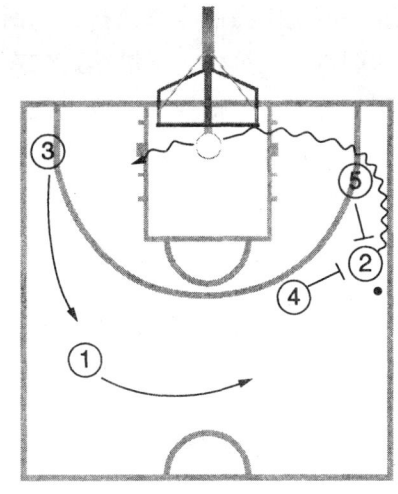

如图 2-19-3 所示，当理查德森从底线运球突破之时，弗莱给斯塔德迈尔掩护，斯塔德迈尔利用掩护摆脱防守，然后向内线横插；当理查德森无法攻击、改直接攻击为助攻时，斯塔德迈尔恰好插到，接理查德森助攻传球，强行攻击。

第二章 "跑轰"进攻战术

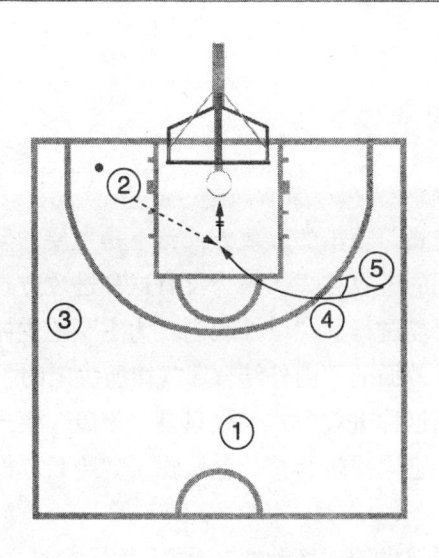

图 2-19-3 "挡拆"后策应中锋攻击

(3) 战术解析

这种进攻战术的关键点在于：第一，战术设计严谨、精密。当"前一个"战术配合正在进行之时，"后一个"战术配合开始酝酿，惟其如此，才能当"第一次"攻击遭到防守方破坏之后，"第二次"战术配合接踵而至，使对手防住了第一次攻击，却来不及防第二次攻击，防不胜防。第二，内线队员"冲击式"攻击的多方向性。可以"挡拆"后转身切入攻击，也可以内线队员掩护后进行"冲击式"攻击；可以从高位进行中锋"冲击式"攻击，还可以从两侧进行中锋"冲击式"攻击。只有这样，才能冲开坚固的内线防守；只有这样，才能通过有效率的内线攻击，迫使对手缩小防区，更好地实施自己"以外线进攻为主"的主体进攻战略。

四、本节结语

中锋"冲击式"攻击的进攻方式，不是主要的但却是必不可少的"跑轰"模式的进攻方式。因为没有这种进攻方式的存在，"跑轰"模式就不可能进行其"以外线进攻为主"的主体进攻战略。这是进攻过程必须遵循的"内外结合"规律所决定的。

但是，即便这种进攻方式仅仅只是"跑轰"模式的一种"非主流"进攻方式，它同样较为充分地反映了"跑轰"模式进攻方式的主要战术特点。

第一，强调战术的"移动性"，而不是战术的"固定性"。战术的"移动性"主要包括：参与战术队员行动的"移动性"和战术配合在移动中进行。产生这种战术现象的原因主要是参与战术的内线队员比较"矮小"，比较"矮小"的内线队员无法在"固定性"战术配合中从容地得球进攻，而他们却能在"移动性"战术配合中发挥身体灵活、快捷的优势，从而使"移动性"战术配合发挥更大的制胜作用。

第二，在战术内容的设计中，强调战术的复杂性，而不只是设计几个简单的战术。中锋"冲击式"攻击的进攻时机，产生于移动过程的瞬间，这种进攻时机的获得稍纵即逝，需要各种因素在某一时间、地点的结合点上"偶合"。而这种"偶合"遭到某一方面的破坏，就可能失去。因此，在一次战术的设计中，必须"预设"几次"偶合"，以便在一次"偶合"不能实现的情况下，紧接着进行下一次"偶合"。只有这样，才能使战术过程不"阻滞"。而这样就使所设计的战术内容必然要复杂一些。

第三，复杂的战术更需要设置严谨的细节，比赛更显得精妙绝伦。由于这种"移动性"战术的进攻时机稍瞬即逝，所以，几种形

成战术时机的影响因素，必须精确地、恰到好处地"聚合"在时间和地点的"结合点"上。一旦这种精妙的"聚合"不幸失去，进攻时间的规则限制又不允许战术进行过程稍有阻滞，而一次紧接一次精妙"聚合"的串联，也能产生流畅的运程和美妙的观感。所有这些，都使复杂、严谨的"移动性"进攻战术美妙绝伦。

第六节 内线队员外拉远投的进攻方式

中锋外拉远投的进攻方式，是一种全新的进攻方式。在当今NBA赛场，几乎所有球队都使用这种新型的进攻方式。但是，"以内线进攻为主"的球队与"跑轰"进攻模式，在中锋外拉远投进攻方式的使用上，两者具有本质的区别。

"以内线进攻为主"的球队只是把中锋外拉远投的进攻方式作为一种辅助进攻方式。他们把这种进攻方式作为迫使对手扩大防区，放松内线防守，进而更好地实施"以内线进攻为主"的主体进攻战略的一种辅助进攻手段。例如：先在湖人队、后在马刺队的霍里；先在活塞队、后在凯尔特人队的拉希德·华莱士。两人都是运用这种进攻方式的"行家里手"，都多次运用这种进攻方式得分。但是，他们在实战中所得的分，在全队总得分中所占的比例很少（不超过10%）。这种进攻方式在"以内线进攻为主"球队的总体战略中所起的主要战术作用是：以这种进攻方式，打乱对手固有的防守计划和稳定的防守心态。以出其不意的进攻方式和它所获得的进攻效益，振奋本队士气，增强取胜的自信心。

"跑轰"进攻模式则把"中锋外拉远投"进攻方式作为一种主要进攻手段，而在内线队员的进攻中经常使用，并收获对比赛胜负至关重要的进攻效益。首先，"跑轰"模式中的内线队员把"拉到

外线远投"技术作为一种主要进攻手段。例如：太阳队的弗莱就把"外拉远投"技术作为首要的进攻手段而在实战中经常使用。在"跑轰"进攻模式中，内线队员经常性的"外拉"，使对手的内线防守空虚，给外线队员运球突破技术发挥创造了良好的进攻环境，同时增多了外线远投点。而外线远投点的增多，又可以使外线队员在运球突破中更好地选择处于良好攻击状态的队友，进而提高外线远投的命中率。

其次，"跑轰"进攻模式的内线组合经常共同使用"外拉投篮"的进攻手段，使对手顾此失彼、防不胜防。例如：当太阳队使用斯塔德迈尔和弗莱的内线组合时，时而弗莱"外拉远投"，时而斯塔德迈尔在冲击时急停投篮。两人在进攻过程中都在"移动外拉投篮"，则使防守方顾此失彼、无法兼顾内外线。正是由于"跑轰"进攻模式的内线组合都以"移动外拉投篮"为主要进攻手段，才使"跑轰"进攻方式增多了外线投篮点，并使"跑轰"进攻方式形式多变、机动灵活，具有很高的进攻成功率。它在实战中有以下几种方式。

一、"高位挡拆"后传另一外拉内线队员远投的进攻方式

(1) 参战阵容
①纳什；　　　　　　　②理查德森；
③杜德利；　　　　　　④弗莱；
⑤斯塔德迈尔。

(2) 战术进行过程
如图 2-20-1 所示，当纳什运球过前场后，理查德森从左侧快速移动到右侧，斯塔德迈尔上提欲与纳什进行"挡拆"配合，与此

同时，弗莱悄悄从罚球区右侧移动到左侧。在移动中，战术的一切准备悄然就绪。

如图2-20-2所示，纳什与斯塔德迈尔进行"挡拆"配合，纳什利用斯塔德迈尔的掩护快速运球突破。遇到防守拦截，未传球给转身下插的斯塔德迈尔，却传球给悄然外拉到外线的弗莱。此时，防守阵型被纳什的运球突破行动压迫得很小，使弗莱在外线获得良好的远投时机，因此，弗莱接球后稳定远投得分。

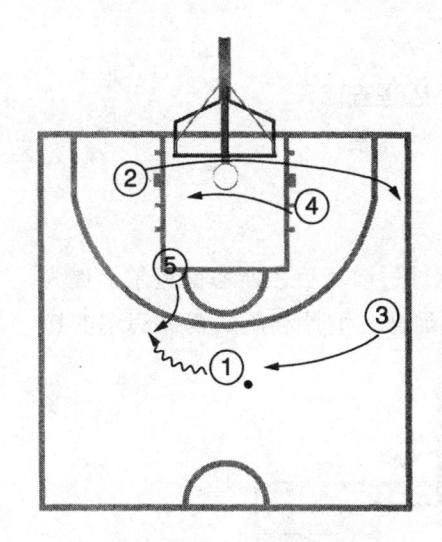

图2-20-1　中锋外拉远投　　　图2-20-2　中锋外拉远投

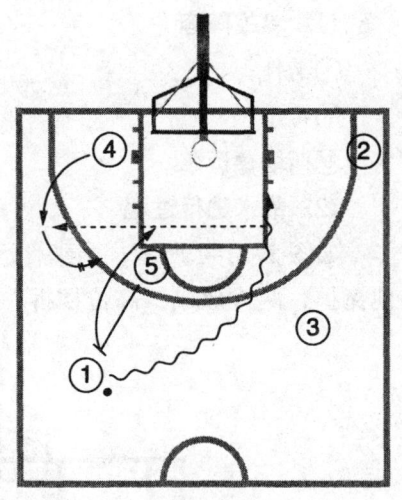

(3) 战术解析

这种进攻战术的关键点在于：第一，整体战术的中锋外拉行动，是这种战术与其他战术最本质的区别。这一行动不但拉空了内线防区，使纳什运球突破行动更容易实施，而且，外拉的中锋，更容易摆脱本身"对位"防守队员的贴身紧逼，获得良好的投篮时机。第二，传统防守心态往往把防守的重点放在内线，当

进攻内线队员外拉时，内线防守队员往往会存在一种"侥幸"心理：宁愿内线进攻队员在外线投篮，却不愿内线进攻队员强攻篮下。因此，内线进攻队员往往很容易获得外线进攻时机。当内线进攻队员能够具有很高外线投篮命中率时，则能够获得很高的进攻成功率。

二、"高位挡拆"后快传外拉内线队员远投的进攻方式

(1) 参战阵容

①纳什； ②理查德森；
③希尔； ④弗莱；
⑤斯塔德迈尔。

(2) 战术进行过程

如图 2-21-1 所示，当纳什运球过前场后，斯塔德迈尔上提为他掩护，两人形成"高位挡拆"配合。纳什利用斯塔德迈尔的掩

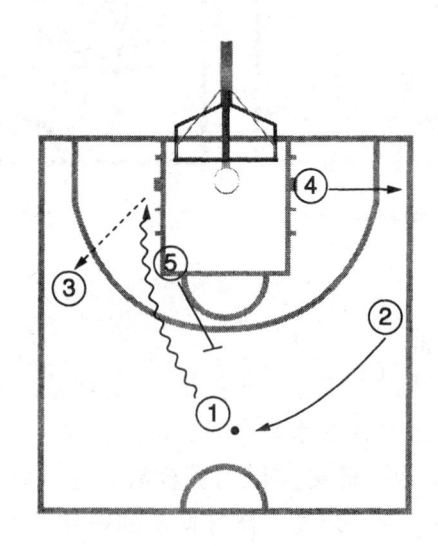

图 2-21-1　快传外拉中锋远投

护，运球从左侧突破，遇到防守拦截，传球给左侧队友希尔。与此同时，内线队员弗莱悄悄移动到外线，理查德森移动到中间高位。

如图 2-21-2 所示，希尔接球后正准备投篮，遇到防守快速"轮转补防"，使希尔不能投篮。于是，希尔改投为传，传球给移动到高位的理查德森；理查德森接球后同样受到防守"轮转补防"的干扰，不能获得稳定投篮的良好时机；理查德森也改投为传，传球给悄悄移动到右侧底线的内线队员弗莱，这时防守已不能补防到位，于是，弗莱在无严重干扰的情况下，稳定投篮得分。

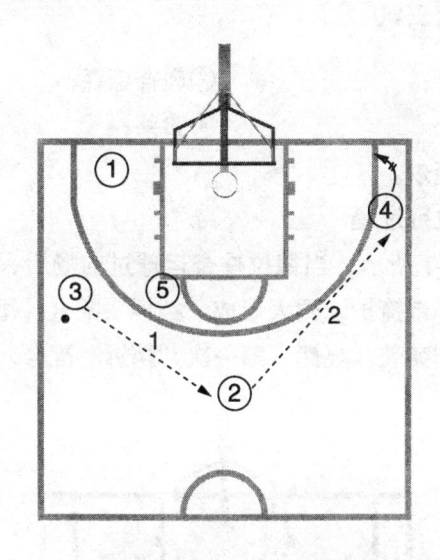

图 2-21-2　快传外拉中锋远投

(3) 战术解析

这种进攻战术的关键点在于：第一，当两名内线队员都先后拉到外线之后，对方的内线防守极为空虚，当外线队员运球突破时，必然引起防守方急速回防，而使其外线防守极为薄弱。这时，当进攻队员运球突破传球到外线时，防守方的快速"轮转补防"必然慌忙混乱，破绽百出。第二，进攻方内线队员的外线远投，使进攻方外线增多了攻击点,从而使"高位挡拆"后快速传球投篮的进攻方式运用起来更加从容自如。当内线队员外线投篮很准时,则能使这种进攻方式获得很高的成功率。

三、连续"挡拆"后内线队员策应远投的进攻方式

(1) 参战阵容

①德拉季奇;　　　　　②理查德森;

③杜德利;　　　　　　④弗莱;

⑤斯塔德迈尔。

(2) 战术进行过程

如图 2-22-1 所示,当德拉季奇运球过前场后,理查德森从左侧过来为德拉季奇掩护,两人形成"挡拆"配合。德拉季奇利用掩护,运球从左侧突破。显然,第一次"挡拆"配合,并没有形成对

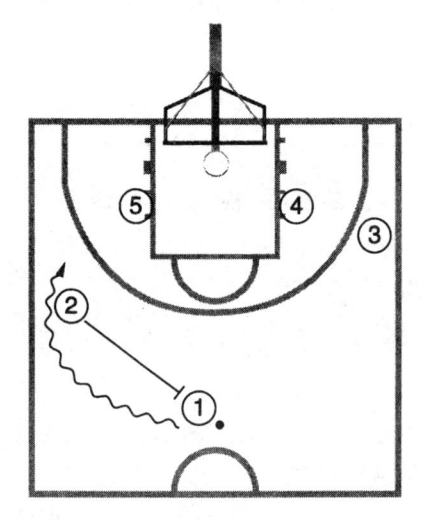

图 2-22-1　连续"挡拆"中锋策应远投

第二章 "跑轰"进攻战术

防守阵型的"实质性"打击，但成功地转移了防守注意，使远球一侧进攻队员可以自由移动，为实施整体进攻战术的最后攻击，埋下不可缺少的"伏笔"。

如图 2-22-2 所示，当德拉季奇运球到左侧后，斯塔德迈尔外拉为德拉季奇掩护，两人形成第二次"挡拆"配合。德拉季奇利用掩护运球从上线运球突破，遇到防守拦截，传球给转身下插的斯塔德迈尔。此时，杜德利从右侧上线移动到右侧底线，内线队员弗莱悄悄从内线移动到右侧外线，两人向外线移动，形成拉空内线，欲进行"冲击式"中锋进攻的攻击态势。

如图 2-22-3 所示，斯塔德迈尔持球后，引起防守方高度关注。当斯塔德迈尔运球向内线突破时，遇到防守重兵围堵夹击。斯塔德迈尔乘机传球给"潜伏"在外线的内线队员弗莱；弗莱接球后，防守方已无法补防，于是，弗莱在无防守干扰的情况下，稳定投篮。

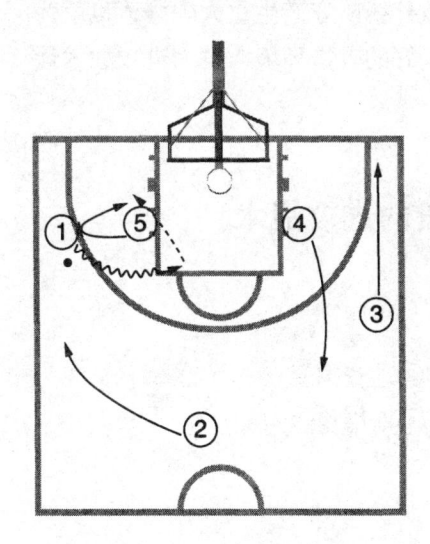

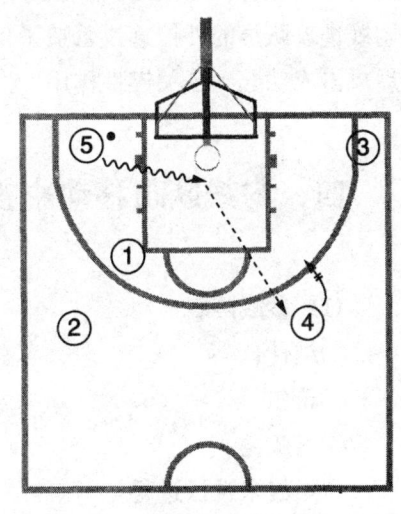

图 2-22-2 连续"挡拆"　　　图 2-22-3 连续"挡拆"
　　中锋策应远投　　　　　　　　中锋策应远投

(3) 战术解析

这种进攻战术的关键点在于：第一，这是一次程序复杂的进攻过程。之所以如此，其主要原因在于这是"替补阵容"实施的进攻战术。"替补"队员的攻击威胁远不如主力队员大，其所实施的进攻配合，并不能起到调动防守阵型变化、破坏对手整体防守体系的效果。因此，必须实施程序复杂的"多重配合"进攻战术，才能形成良好的进攻效果和创造出良好的攻击时机。由此可以看出：强大的技术基础，往往不需要"繁复"的战术与之相携，简单的进攻战术，往往更能适合高强技术的发挥。而技术基础薄弱，则必须要以精妙、复杂的战术为其逐渐创造攻击时机，否则，薄弱的技术基础，无法摆脱防守的阻扰，形成进攻时机。第二，此进攻战术包括"三重"攻击层次，虽然战术过程繁复，但是战术成败的关键点却在于最后一次战术配合。强力中锋持球后，必然吸引防守的关注，他向内线运球突破的行动，必然被防守方认为是"冲击式"篮下攻击。防守方这种错误判断，就导致外线防守产生重大疏漏，也就为内线进攻队员的外拉远投营造了良好的攻击环境，也为进攻战术最后攻击成功起到了关键性作用。

四、内线队员移动中投的进攻战术

(1) 参战阵容

①纳什；　　　　　　　②理查德森；
③希尔；　　　　　　　④斯塔德迈尔；
⑤洛佩兹。

(2) 战术进行过程

如图 2-23-1 所示，当纳什运球过前场后，洛佩兹上提为纳什掩护，两人形成"高位挡拆"配合。斯塔德迈尔乘机拉到外线。

第二章 "跑轰"进攻战术

如图 2-23-2 所示，纳什利用洛佩兹的掩护快速运球突破，遇到防守拦截，改投为传，传球给移动到外线的斯塔德迈尔。斯塔德迈尔接球后，运球向内线"冲击"。向篮下做"冲击式"攻击是斯塔德迈尔最擅长的攻击方式，也是对方的防守重点。因此，当斯塔德迈尔运用这项技术时，其对位防守队员快速后退，与其他防守队员形成一道"墙"，截断斯塔德迈尔向内线冲击的路线，遇此情况，斯塔德迈尔运球急停跳投，使防守队员猝不及防。

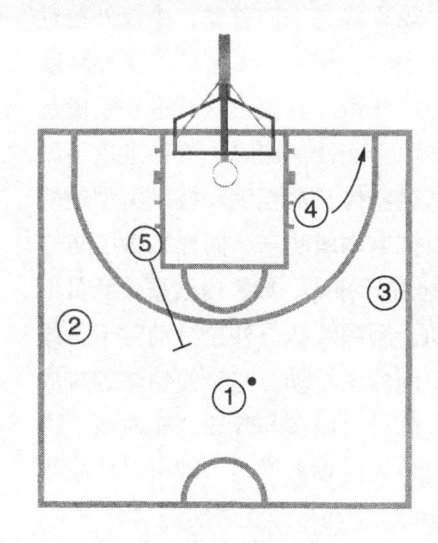

图 2-23-1　中锋移动中投　　　图 2-23-2　中锋移动中投

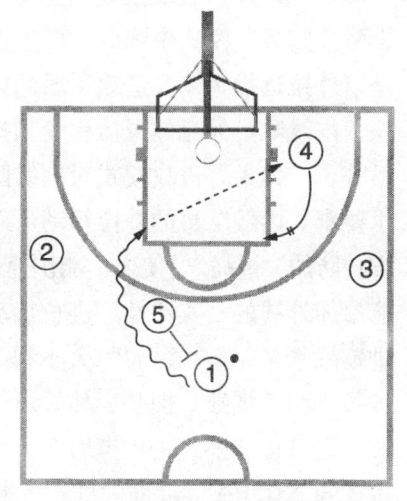

(3) 进攻战术解析

这种进攻战术的关键点在于：第一，两名内线队员先、后拉到外线，使内线防守处于完全"空虚"状态，使进攻方运球突破行动更便于实施，也使内线队员外拉远投的进攻方式更便于实施。这充分反映了"跑轰"进攻模式中中锋移动攻击投篮的本质特征。第二，中锋移动攻击技术的多样性特征，是"跑轰"进攻模式中锋必须具备的技术类型。只有具备这种技术特征，才能符合"跑轰"进攻模式的战术要求。斯塔德迈尔改"冲"为投的技术改变使用，正是这种中锋技术类型的典型表现。

五、本节结语

中锋外拉远投的进攻方式是其他进攻模式的辅助进攻方式，但它却是"跑轰"进攻模式的主要进攻方式之一。首先，中锋外拉远投是"跑轰"模式中锋的主要进攻手段。比如：太阳队中锋弗莱就是以外拉远投为主要进攻手段的内线队员。其次，这种进攻手段反映了内线队员的身体灵活程度和技术全面性。同时，这种进攻手段反映了"跑轰"进攻模式对内线队员身体灵活程度和技术类型的战术要求。内线队员的外拉行动可以拉空内线防守；同样减少了防守方补防的"障碍"，使之不能快速地进行补防。如果内线进攻队员不能参加外线的"实质性"进攻行动，则内线队员外拉行动对于整体进攻战术来说是一种"弊大于利"的战术行动，它将使整体进攻战术最终归于失败。但是，如果内线队员可以参与外线"实质性"进攻，则可以使外线进攻点增多；而外线进攻点增多，则可以使外线进攻的选择增多，使防守的难度增大，进而导致无法实施"全方位"的轮转补防，最终不得不放弃对某一点的补防，使之成为进攻方良好的投篮时机。从这个意义上说，中锋外拉远投的进攻方式，使进攻阵容的移动更加灵活，进而使其进攻战术更机动灵活、充满变化。

第七节 "错位"攻击的进攻方式

"错位"攻击是指进攻方在移动和掩护过程中，迫使防守方出

现"错位"防守的情况，并利用"错位"防守的情况，实施内线"以大打小"或外线"以小打大"的攻击。这是一种颇值得关注的进攻方式，也是当今 NBA 出现的重要进攻现象。其中，"以内线进攻为主"的进攻模式，往往更注重防守方出现"错位"防守后在内线"以大打小"的攻击；而"跑轰"进攻模式则更注重防守方出现"错位"防守后在外线"以小打大"的攻击，并使之成为行之有效的重要进攻内容。

在实战中，"错位"攻击的实施过程包括两个阶段：第一，创造"错位"防守的过程。进攻方在"挡拆"配合或其他移动掩护配合中，由于运球人（进攻发动人）技术全面、善于远投，所以，防守方如不采取"换人"的防守方式，则会出现对运球人暂时无人防守的"真空状态"，使之可以从容投篮。因此，防守方不得不采取"换人"的防守手段，而采取"换人"防守的结果，就会出现"错位"防守的情况。第二，利用防守方"错位"防守的情况，进行攻击。当防守方出现"错位"防守时，进攻方在外线，仰仗技术动作速率快捷和身体灵活性的优势，"以小打大"；在内线，仰仗内线队员身高、体能优势，"以大打小"，这两种攻击手段是进攻方"错位"攻击的主要方式。其中，"跑轰"球队最擅长的是在外线仰仗技术动作速率快捷和身体灵活性的优势，"以小打大"。"错位"攻击的进攻方式包括以下几种方式。

一、移动换位后内线队员"以大打小"的进攻方式

(1) 参战阵容

①纳什；　　　　　　②理查德森；
③希尔；　　　　　　④斯塔德迈尔；

⑤洛佩兹。

(2) 战术进行过程

如图 2-24-1 所示,当纳什运球过前场后,传球给斯塔德迈尔。与此同时,希尔移动到内线,与洛佩兹形成"双掩护"。纳什传球后,向内线穿插,利用队友的"双掩护"摆脱防守,移动到右侧外线。斯塔德迈尔接球后遇到防守围堵夹击,不能直接攻击,于是,传球给已处于"空位"的队友纳什。形成一次移动掩护远投的进攻时机。但是,面对跟防纳什的队员被挡住的情况,防守方采取了"换人"措施,由内线高大防守队员"挤出",补防纳什,使纳什处于被严重干扰的处境中。

如图 2-24-2 所示,希尔做完掩护之后,快速移动到左侧外线。而在右侧,形成外线"以小打大"、内线"以大打小"的局面。这时,纳什审时度势地传球给处于内线有利位置的队友洛佩兹,洛佩兹接球后强攻。

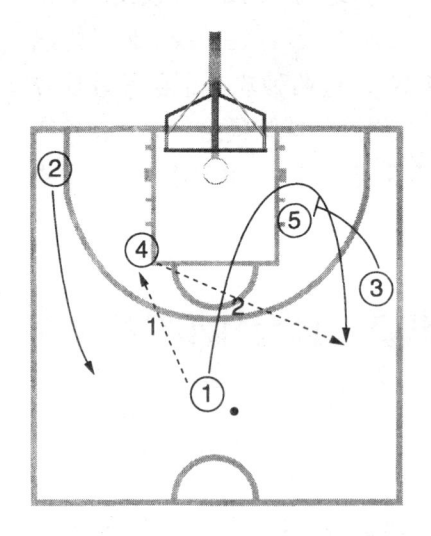

图 2-24-1 "以大打小"进攻方式　　图 2-24-2 "以大打小"进攻方式

(3) 战术解析

这种进攻战术的关键点在于：第一，这是一次移动掩护进攻被"破坏"后"转变"而成的进攻方式。它之所以能够打成，完全归功于"控卫"的审时度势和随机应变。纳什完全可以得球后"勉强"投篮，而不进行下一步进攻"程序"。但是，勉强投篮的结果，必定严重影响投篮命中率，而纳什"改投为传"，进行篮下"以大打小"，却能使濒临困境的进攻过程，呈现柳暗花明的局面。可以这样认为：由移动掩护进攻转变为篮下"以大打小"，是这种形势下最明智、最合理的进攻选择，这种选择具有很高的进攻成功率。第二，实施篮下"固定式"进攻方式，并不是"跑轰"进攻模式擅长的进攻方式。因此，在实战中，很少见到"跑轰"进攻模式使用"固定式"进攻方式的战例。正因为如此，偶尔突然使用这种进攻方式，却可以收到"出其不意、攻其不备"的效果。

二、形成"错位"后外线远投的进攻方式

(1) 参战阵容
① 纳什；　　　　　　② 理查德森；
③ 杜德利；　　　　　　④ 弗莱；
⑤ 斯塔德迈尔。

(2) 战术进行过程

如图 2-25 所示，这是太阳队对马刺队比赛中出现的典型战例。当纳什运球过前场后，斯塔德迈尔上提为纳什掩护，两人形成"高位挡拆"配合。在这个战术配合中，邓肯防斯塔德迈尔，帕克防纳什。纳什利用斯塔德迈尔的掩护，运球从左侧突破。由于斯塔德迈尔挡住了帕克，马刺队只能采取"换人"的防守策略，使邓肯换防纳什，出现"错位"防守情况。这时，纳什采用快速运球突破技

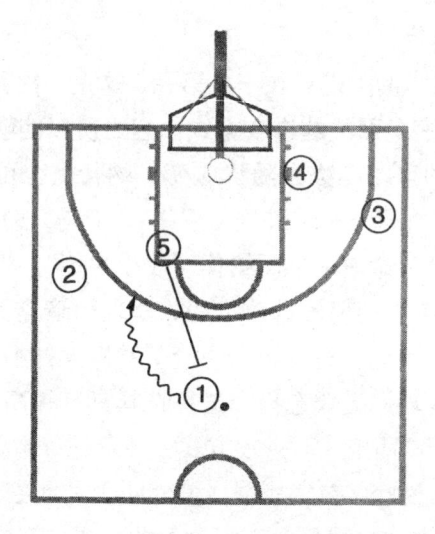

图 2-25 "小打大"外线远投

术,当邓肯身体重心后移的瞬间,纳什突然急停,使邓肯无法改变身体移动趋势,无法上前防守,纳什稳稳地跳起投篮。

(3) 进攻战术解析

这种进攻战术的关键点在于:第一,这是一次"最简单"的战术配合,却充满了"精心"的战术设计。其战术目的不是通过战术配合或战术组合创造进攻时机,而是迫使对手出现"错位"防守。因此,完成这一战术目的需要的不是繁杂的战术,而是抓住对手在战术运行过程中出现的一种"错误",并使其无法改正这一"错误"。第二,"精心"的战术设计实战价值在于:创造一种"以己之长、攻敌之短"的实战局面。比如:以纳什外线攻击技术之长(技术全面、虚实难辨),攻邓肯外线防守技术之短(是内线防守的中枢而不敢过分外出,并且其脚步动作的灵活性远不如纳什)的实战局面。当这种实战局面出现之时,就能实现进攻的高成功率。

三、形成"错位"后外线运球突破的进攻方式

(1) 参战阵容
①纳什； ②理查德森；
③杜德利； ④弗莱；
⑤斯塔德迈尔。

(2) 战术进行过程

如图 2-26 所示,这是太阳队对马刺队比赛中出现的典型战例。当纳什运球过前场后,斯塔德迈尔上提为纳什掩护,两人形成"高位挡拆"配合。在这个战术配合中,邓肯防斯塔德迈尔,帕克防纳什。纳什利用斯塔德迈尔的掩护,运球从左侧突破。由于斯塔德迈尔挡住了帕克,马刺队只能采取"换人"的防守策略,使邓肯换防

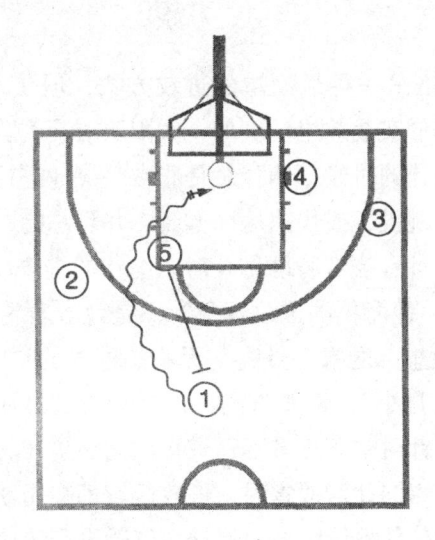

图 2-26 "小打大"外线运球突破

纳什，出现"错位"防守情况。这时，纳什采用快速运球突破技术，从邓肯的右侧快速运球突破上篮成功。

(3) 战术解析

这种进攻战术的关键点在于：第一，这是一次"最简单"的战术配合，却充满了"精心"的战术设计。其战术价值在于不是创造直接进攻时机，而是在简单的战术配合中，抓住对手的一次"失误"，迫使对手无法纠正这次"失误"；并由此创造"以长制短"的强行攻击时机。第二，在这种"以长制短"的强行攻击中，充满了攻击方式的变化。纳什在几次运球急停跳投之后，突然改变了攻击的方式。当邓肯快速上提、尽全力防纳什投篮之时，纳什不再进行急停跳投，而是运用快速运球突破的方式攻击，使邓肯判断失误、猝不及防。

四、本节结语

"错位"攻击是一种最简单的进攻方式，但是，它在实战中，却能收到非常好的实战效果。例如：太阳队对马刺队的比赛中，每当出现邓肯防纳什的时候，纳什总是非常坚决地进行各种方式的攻击：或运球急停跳投，或快速运球上篮，并且总能取得非常好的攻击效果（笔者统计：当邓肯防纳什时，纳什的进攻成功率为80%~90%）。这不是一种简单的进攻现象，而是蕴含着精妙筹划的战术设计结出的"预想"之果。首先，无论是外线的"以小打大"，还是内线的"以大打小"，都要以本方最擅长攻击的队员，在他最适合的进攻区域，针对防守方最不适宜在该区域防守的队员，进行强行进攻。例如：当纳什对邓肯时，进攻区域都在罚球弧顶高位，这一区域是纳什的最佳投篮区域。运球急停跳投和快速运球上篮两种进攻方式都是纳什最擅长的攻击手段。而邓肯是马刺队内线防守中

枢,当邓肯防守外线时,他必然会"分心"记挂着内线防守,因此邓肯很难"全心全力"进行外线防守;另一方面,邓肯防守脚步的灵活性和快捷程度,都远不如纳什,所以在两人的外线攻防中,纳什占有绝对的优势,并能在实战攻防中获得非常高的进攻成功率。其次,这种最简单的进攻方式之所以能获得成功,其中包含着深刻的对战术本质的认识。亦即,战术的最根本的目的是什么?在当今 NBA 赛场,进攻方要想凭借战术设计,获得完全"无人防守"的进攻时机,几乎不可能。那么一种进攻战术的"真实"目的,就不是创造完全"无人防守"的攻击时机,而是创造一种"以己之长、克敌之短"的进攻环境。从这个意义上说,"错位"攻击的实战价值绝不亚于任何一种"精妙"的进攻方式。

但是,"错位"防守也绝非不可避免。在防守配合中,"挤过""穿过""绕过""轮转补防"等防守配合,都具有与"换人"配合相同或超过它的防守价值。因此,防守方可以在实战中运用这些防守配合代替"换人"配合。说到底,"错位"攻击也只能实现于防守方处于懈怠和松懈之时,而不是一种"全能"的进攻战术。

第三章 三角进攻战术

第一节 三角进攻战术理念

三角进攻的创始人是温特大学时的教练——萨姆·巴里（Sam Barry），是他把三角进攻最初的理念教给了堪萨斯州立大学的队员们，使三角进攻战术显露锋芒。三角进攻战术使温特所在的球队曾经8次打入NCAA八强赛。

三角进攻战术是由进攻一侧组成三角的3名队员和另一侧的"两人游戏"所组成的阵地进攻战术。它不像那些固定的进攻套路，只能按照预定的进攻套路机械执行。它是在进攻中根据对手不同的防守而产生各种不同的应对方式，并最终克敌制胜。按照老温特的话就是："read and react（解读并反应）"。但是，三角进攻战术也不是完全的自由进攻，它是一个要求精密间距和占位的结构体系，每一名场上队员都应该清楚地了解球场上每个位置的合理建构，以及由此产生的、千变万化的进攻战术。

三角进攻包括两个阶段：第一，建立三角。三角进攻由1-2-2阵型开始，建成进攻三角的3名队员及其他两名队员的间距为15英尺（约4.5米）。这个间距可以有效保持进攻队员之间的有机联系，进攻队员可以通过简捷的传球，减少被对方抢断的危险，并且可以避免持球队员被防守方包夹。当进攻队员移动、进攻阵型改变之时，进攻队员之间的间距仍努力保持15英尺的距离。

第三章 三角进攻战术

在实战中，建立进攻三角有许多种方法，但按照进攻三角在进攻中的不同作用，可将进攻三角归纳为三种类型。第一种类型，建立以高大内线队员为"三角顶点"的进攻三角。其方法是，当1-2-2进攻阵型落成之后，由控球后卫传球给小前锋，然后从里侧或外侧切入到底角。在左侧或右侧罚球区的腰部，建立以高大内线队员为"三角顶点"的进攻三角。第二种类型，建立"移动三角"。当1-2-2阵型落成之后，两名高大内线进攻队员落在一侧。战术开始进行时，战在外线的高大内线队员，利用站在内线高大队员的掩护，移动到另一侧罚球区的腰部，与已在这一侧的两名外线进攻队员建立一个进攻三角。第三种类型，建立以攻击后卫（攻击后卫身材虽然不高，但是他往往具有良好的内线进攻技术。比如：乔丹、科比等）为"三角顶点"的进攻三角。其方法是：当1-2-2进攻阵型落成之后，内线高大进攻队员拉到底角，攻击后卫插到罚球区腰部充当"三角顶点"，控球后卫运球到左侧（或右侧），建立进攻三角。

进攻三角不仅是一种整体进攻阵型的局部部分，而且它是一把插在对手腰部的"尖刀"。进攻三角的建立，不仅可以破除对手使用诸如"绕前防守"等手段而使"三角顶点"接到传球，而且可以通过"三角顶点"得球，迫使对手整体防守发生变化，从而使进攻方作出针对性应对措施。

当"进攻三角"建成之后，则开始三角进攻的运作。三角进攻战术运作的本质不是预设固定的进攻套路，而是"read and react（解读并反应）"。解读"三角顶点"接球之后防守方产生的变化，并作出针对性应对措施。尽管"三角顶点"接球之后，防守方可能出现许多种情况，但是所有这些情况也可以归纳为三种类型。进攻方的应对措施也针对这三类情况而展开。

第一类情况：当"三角顶点"接球后，防守方并未（或来不及）对其实施"包夹"防守。这种情况正是"三角顶点"进行篮下强攻的最佳时机。无论哪一种"进攻三角",让"三角顶点"接球并进行篮下强攻,都是三角进攻战术最主要的战术目的。一支运用三角进攻战术的球队,往往拥有一名具有高超内线进攻技术的球员。比如:公牛队的乔丹、湖人队的奥尼尔等。而运用三角进攻战术,通过建立三种不同形式的"进攻三角",使防守方不能阻断"三角顶点"接球并不能对其实施有效的"包夹"措施,让"三角顶点"能发挥高超的内线进攻技术,就能够充分发挥三角进攻战术的威力。

第二类情况:当"三角顶点"接球后,防守方放弃对其他进攻队员的防守而实施对"三角顶点"的包夹。这时,"三角顶点"处于"背对篮"的状态,则"三角顶点"无法观察全部攻防双方的情况。因此,进攻方的应对措施就只能先从"进攻三角"内的其他两名队员做起。当防守方实施对"三角顶点"包夹而放松对"进攻三角"其他两名队员的防守时,"进攻三角"中的其他两名队员可以乘机插向对手内线,接"三角顶点"策应传球上篮得分。"进攻三角"中的其他两名队员还可以相互掩护,摆脱防守,获得短暂的良好投篮时机,接"三角顶点"的策应传球,进行中、远距离投篮。而"进攻三角"内配备优异的中、远距离投手,是使三角进攻战术具备优质功能的必要条件。比如:湖人队的进攻三角之内,往往配备费舍尔等投手,就是一个很能说明问题的证明。

第三类情况:当"三角顶点"接球后,防守方放弃对其他进攻队员的防守而实施对"三角顶点"的包夹。这时,"三角顶点"处于"面对篮"的状态,则"三角顶点"可以观察全部攻防双方的情况。而此时三角进攻战术就成为一种"低位策应、内外结合"的整体进攻战术。它可以通过进攻三角内其他两名队员的移动掩护,使进攻三角与另一侧队员有机地联系在一起,通过移动掩护、内外穿插等战术行动,获得良好的内外线投篮时机,克敌制胜。这种进攻战术的关键所在是"三角顶点"的策应助攻能力。当"三角顶点"

具备这种能力时，则可以使三角进攻战术获得"第二次组织"过程，可以使进攻方内外线获得有机融合，使三角进攻战术过程流畅，变化多端，功能更强。湖人队在2009—2010赛季夺取桂冠，就是一个最好的例证。

第二节 "大进攻三角"的进攻方式

"大进攻三角"是指"三角顶点"为高大内线进攻队员的"进攻三角"。"大进攻三角"的建立方法是：由具有高超内线进攻技术和强大策应能力的高大内线进攻队员站在罚球线腰部而成为进攻三角的"顶点"。然后，由控球后卫传球给小前锋，再从里侧或外侧切入到底角，形成以高大内线进攻队员为"三角顶点"的进攻三角。除此之外，控球后卫还可以运球到小前锋的位置，小前锋移动到底角，同样可以形成一个以高大内线进攻队员为"三角顶点"的进攻三角。

三角进攻战术最根本的功能就是发挥内线攻击的作用。这种作用包括：第一，在相对"优势"的条件下，实现篮下强攻的战术目的；第二，以相对"优势"条件消失（比如：遭到对手"包夹"等等）为代价，同时又迫使防守方放弃对外线的防守，从而使进攻方获得良好的远投时机。这也是"大进攻三角"进攻战术的最根本作用。因此，"大进攻三角"进攻方式主要包括：第一种类型，篮下强攻的进攻方式；第二种类型，当防守方包夹"大进攻三角顶点"而放松对其他进攻队员防守时，进攻方发动的由"大进攻三角顶点"策应组织的、内外结合的进攻方式。

一、篮下强攻的进攻方式

(1) 参战阵容

①费舍尔（控球后卫）；　　②科比（攻击后卫）；

③阿泰斯特（小前锋）；　　④加索尔（大前锋）；

⑤拜纳姆（中锋）。

(2) 战术进行过程

如图 3-1-1 所示，控球后卫费舍尔传球给小前锋阿泰斯特，然后，从里侧快速移动到底角，与中锋拜纳姆、小前锋阿泰斯特组成"大进攻三角"。这时，右侧的科比移动到中间高位，弥补费舍尔到底角后中间出现的空缺，并维持攻守平衡。

如图 3-1-2 所示，当阿泰斯特要传球给中锋时，发现防守中锋采用"半绕前"防守的方式，封堵了传球路线，于是，阿泰斯特传

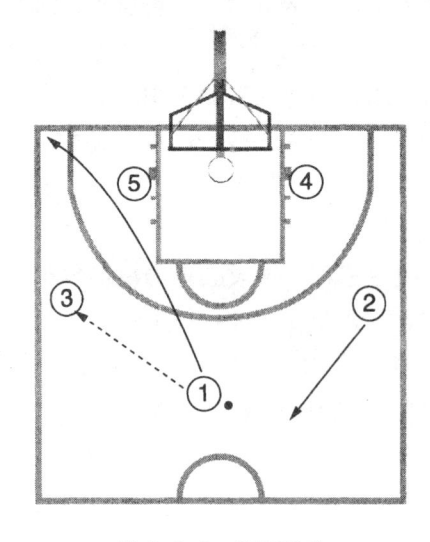

图 3-1-1　篮下强攻　　　　图 3-1-2　篮下强攻

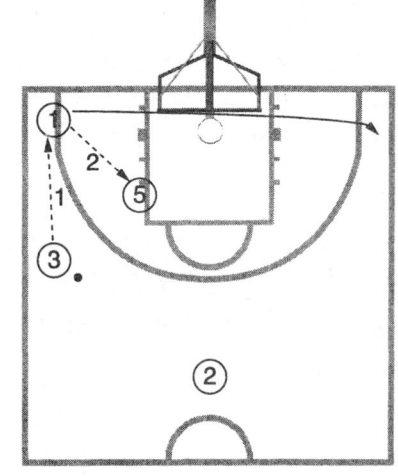

第三章 三角进攻战术

球给底角的费舍尔；改变了给中锋的传球路线，使中锋拜纳姆得球。中锋接球后，费舍尔快速移动到另一侧底角，为拜纳姆篮下强攻拉开进攻范围，造成了篮下"一对一"强攻的局面。

如图 3-1-3 所示，拜纳姆运用运球后转身跳投的技术，强行篮下攻击。

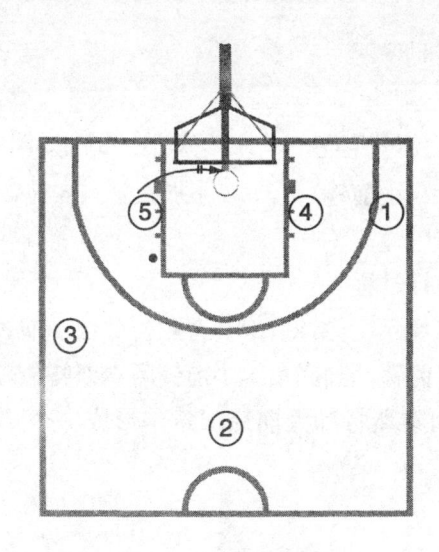

图 3-1-3 篮下强攻

(3) 战术解析

这种进攻战术的关键点在于：第一，这一战例充分显示了三角进攻战术易于变换传球角度能使中锋得球的特点。当"斜边"不能传球时，可以从底角传球，变换角度传球，使防守方无法阻隔中锋得球。而一旦中锋得球，底角的传球队员应该快速离开，以利于高大中锋篮下强攻的战术目的顺利实现。第二，选择运用三角进攻战术的球队必须拥有具有强大内线进攻能力的队员，而拜纳姆就是一名具有强大内线进攻威胁的队员。当拜纳姆上场时，湖人队则会强

105

调使用篮下强攻的三角进攻战术。并迫使对手采用"包夹"等手段而不得不放松对外线进攻队员的防守，从而给其他进攻点增添攻击机会。

二、内线队员策应上篮的进攻方式

(1) 参战阵容
①费舍尔（控球后卫）； ②科比（攻击后卫）；
③阿泰斯特（小前锋）； ④加索尔（大前锋）；
⑤拜纳姆（中锋）。

(2) 战术进行过程
如图 3-2-1 所示，控球后卫费舍尔传球给小前锋阿泰斯特，然后，费舍尔从里侧移动到底角，小前锋阿泰斯特传球给费舍尔。此时，费舍尔、阿泰斯特和大前锋加索尔形成一个"大进攻三角"。

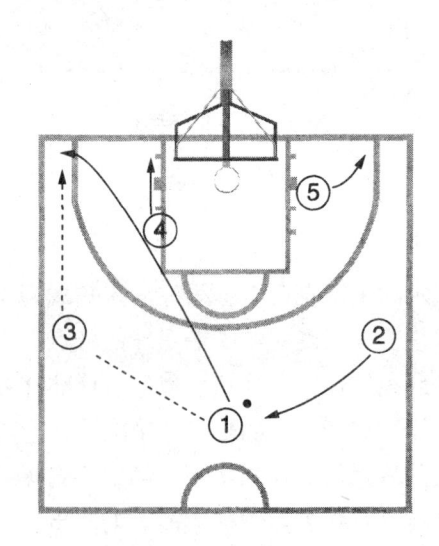

图 3-2-1 中锋策应上篮

第三章 三角进攻战术

这时，落位在右侧的科比移动到中间，弥补中间的空缺，并保持"攻守平衡"。

如图 3-2-2 所示，费舍尔传球给加索尔，然后，费舍尔反身给阿泰斯特掩护，帮助阿泰斯特摆脱防守，实施下一步进攻行动。

如图 3-2-3 所示，阿泰斯特利用费舍尔的掩护，摆脱防守向篮下切入。加索尔持球后，吸引了防守方高度关注，却又使防守方放松了对其他进攻队员的关注。所以，进攻方能够通过加索尔策应阿泰斯特顺利上篮成功，打出一次简单而精彩的"三角策应进攻"。

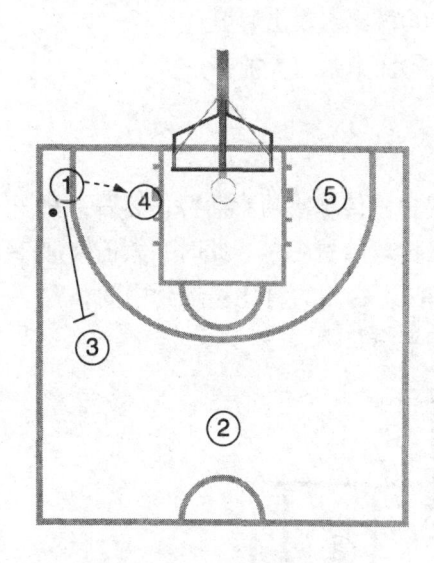

图 3-2-2　中锋策应上篮　　　　图 3-2-3　中锋策应上篮

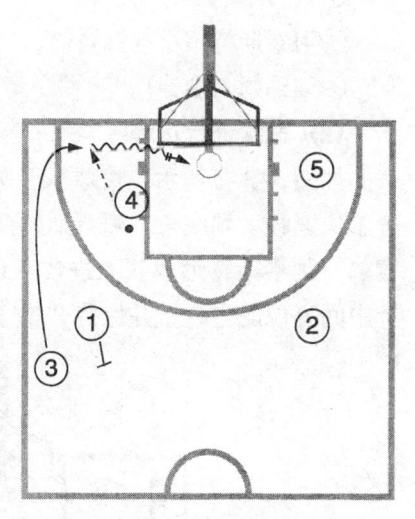

(3) 战术解析

这种进攻战术的关键点在于：第一，高大进攻队员加索尔的篮下进攻威胁是吸引防守方关注的原因。如果他没有强大的进攻威胁，就不能吸引防守，从而使其他进攻队员获得进攻时机。第二，高大内线进攻队员加索尔的强大的策应组织能力，是完成这次战术配合的关键。加索尔的强大并不在于他能进行篮下强攻，更重要的是，他能灵活地进行进攻转换，对篮下强攻和策应进攻两种方式进行合理地选择使用。从而使三角进攻战术更机动、灵活。

三、内线队员策应远投的进攻方式（一）

(1) 参战阵容

①费舍尔（控球后卫）；　②科比（攻击后卫）；
③阿泰斯特（小前锋）；　④加索尔（大前锋）；
⑤拜纳姆（中锋）。

(2) 战术进行过程

如图 3-3-1 所示，控球后卫费舍尔传球给阿泰斯特，然后，费舍尔快速移动到底角，阿泰斯特又传球给费舍尔。此时，大前锋加索尔、阿泰斯特形成"大进攻三角"。右侧的科比移动到中间，弥补中间高位的空缺，并保持"攻守平衡"。

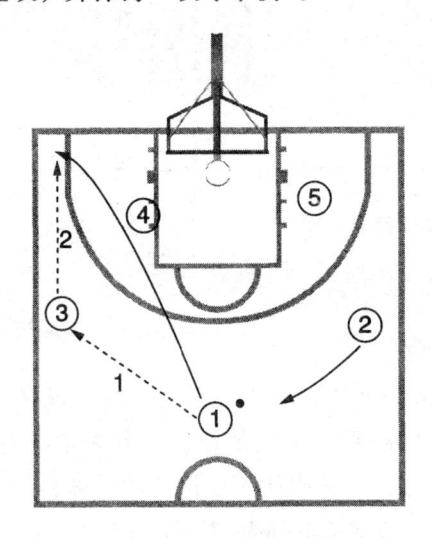

图 3-3-1　中锋策应远投

如图 3-3-2 所示，费舍尔传球给加索尔，然后，费舍尔快速移动到另一侧（右侧）底角。加索尔接球后遇到防守方"包夹"，无法强攻篮下，却吸引了防守方重点关注并使之放松了对外线的防守。这时，加索尔策应传球给左侧的阿泰斯特，迫使防守方采用快速"轮转补防"的措施。

如图 3-3-3 所示，阿泰斯特接球后遇到防守快速轮转补防，不能投篮；于是阿泰斯特快速传球给右侧的队友科比，科比接球后仍然遭遇防守方的快速轮转补防，使科比仍不能从容进行外线远投，科比也快速传球给右侧底角的费舍尔；费舍尔接球后，防守方无法补防到位，使费舍尔从容远投得分。

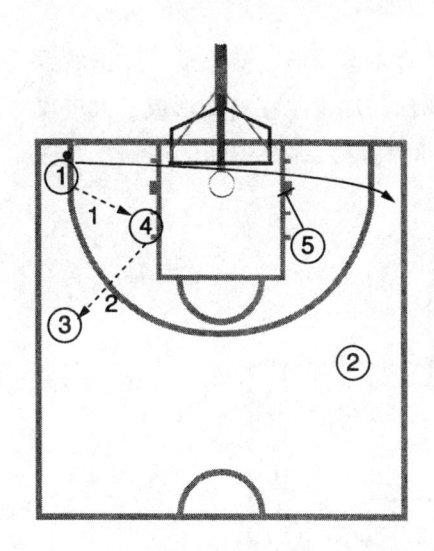

图 3-3-2 中锋策应远投　　　　图 3-3-3 中锋策应远投

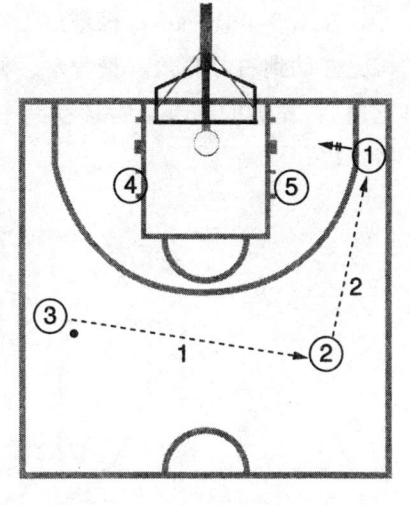

(3) 战术解析

这种进攻战术的关键点在于：第一，加索尔的进攻和策应助攻能力。其进攻能力可以迫使防守收缩，起到"牵制"的作用；其策应助攻能力则可以进行战术内容的实质性转移，使进攻战术机动、灵活和更具有实效性。第二，进攻阵容内要具有多个"投篮手"，使防守方任何"轮转防守"方式都无济于事。

四、内线队员策应远投的进攻方式（二）

(1) 参战阵容
①费舍尔（控球后卫）；　②科比（攻击后卫）；
③阿泰斯特（小前锋）；　④奥多姆（大前锋）；
⑤加索尔（中锋）。

(2) 战术进行过程

如图 3-4-1 所示，控球后卫费舍尔运球向右侧移动，攻击后卫科比移动到右侧底角。费舍尔、科比与加索尔在右侧形成"大进攻三角"。左侧的阿泰斯特移动到中间高位，弥补中间的空缺，并保持"攻守平衡"。

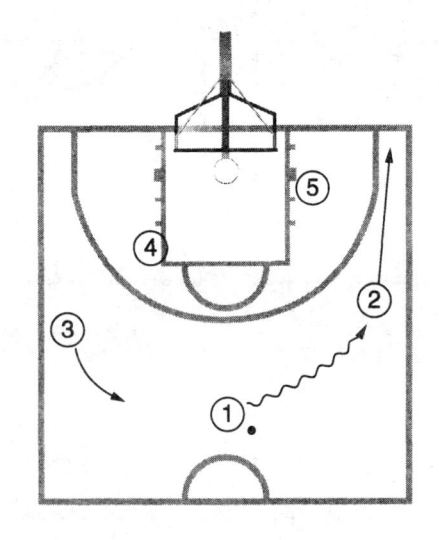

图 3-4-1　中锋策应远投

第三章 三角进攻战术

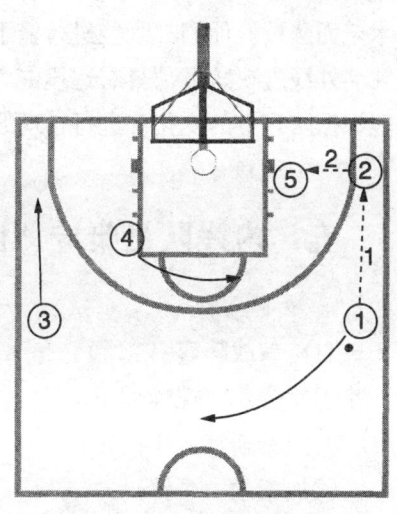

如图 3-4-2 所示，费舍尔在右侧停球后，传球给底角的科比；科比再传球给中锋加索尔。加索尔强大的内线进攻威胁，迫使防守方对其实施"包夹"防守手段。与此同时，却放松了对另一名内线高大队员奥多姆的防守。奥多姆悄悄移动到罚球线附近，准备接中锋策应传球进行攻击。费舍尔移动到中间高位，准备接应内线传球；小前锋阿泰斯特移动到左侧，费舍尔、阿泰斯特的移动，在客观上使整体进攻形态处于一种均衡状态。

图 3-4-2 中锋策应远投

如图 3-4-3 所示，加索尔策应传球给移动到罚球线附近的奥多姆；奥多姆准备攻击，却又遇到防守快速补防，使之不能进行直接攻击。与此同时，防守方基本上放弃了对左侧外线的防守，于是，奥多姆改直接攻击为策应助攻，传球给左侧处于良好进攻状态的队友阿泰斯特，阿泰斯特接球远投得分。

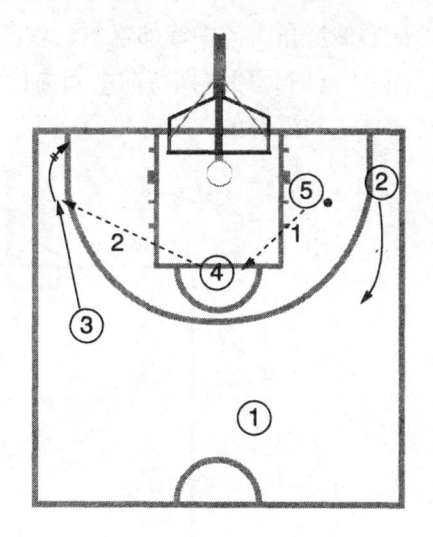

图 3-4-3 中锋策应远投

(3) **战术解析**

这种进攻战术的关键点在于：第一，两名内线进攻队员都是技

术全面队员。他们都既能进行篮下强攻，又能策应助攻队友。第二，几名外线进攻队员都具有远投能力，都是"投篮手"。惟其如此，才能根据防守方的变化，进行合理的进攻方式和攻击点的选择。

五、内线队员策应"内攻"的进攻方式

(1) 参战阵容
①费舍尔（控球后卫）；　　②科比（攻击后卫）；
③阿泰斯特（小前锋）；　　④奥多姆（大前锋）；
⑤加索尔（中锋）。

(2) 战术进行过程

如图 3-5-1 所示，控球后卫费舍尔传球给科比，然后快速移动到右侧底角，与中锋加索尔、攻击后卫科比形成右侧的"大进攻三角"。此时，阿泰斯特向中间高位移动，弥补中间的空缺，并保持整体进攻形态的"攻守平衡"。

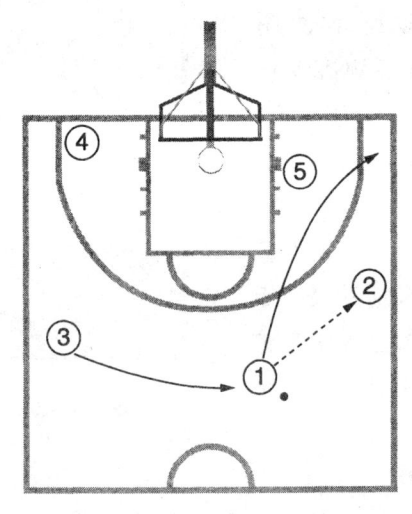

图 3-5-1　中锋策应"内攻"

第三章 三角进攻战术

如图 3-5-2 所示,科比直接传球给中锋加索尔,然后直接向内线切入。科比是一个颇具威胁的队员,他的行动往往引起防守方的"主要关注",从而"解放"了其他进攻队员。因此,科比的掩护往往更有成效而能使队友获得更好的进攻时机。

如图 3-5-3 所示,科比的"高效掩护"吸引了防守方的重点关注,使奥多姆能够利用掩护,摆脱防守,移动到罚球线附近,然后,乘防守不备,快速向内线切入,接加索尔策应传球上篮得分。

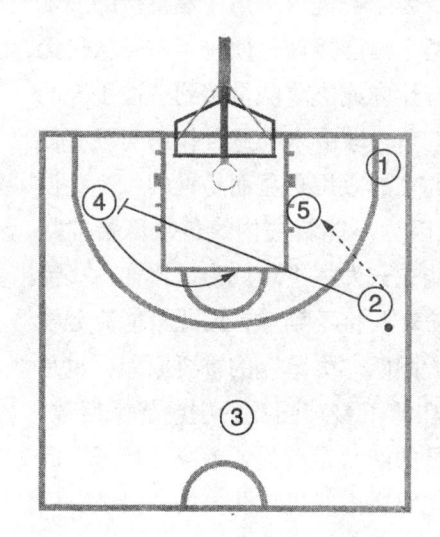

图 3-5-2 中锋策应"内攻" 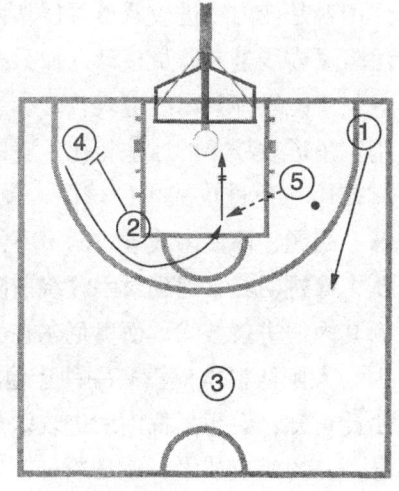　　图 3-5-3 中锋策应"内攻"

(3) 战术解析

这种进攻战术的关键点在于:第一,"重点攻击人"的掩护行动往往能起到奇特的助攻效果。第二,高大内线队员的策应助攻能力。第三,两名内线进攻队员之间在战术中形成攻击合力的能力。

六、本节结语

"大进攻三角"进攻方式是最经典的三角进攻方式,它有如下战术特点:第一,三角进攻战术能起到帮助内线进攻队员"接球",进而帮助其进行篮下强攻的作用。而进行篮下强攻,是三角进攻战术最主要的战术目的之一。本文认为:"进攻三角"最直接的战术作用就是使内线进攻队员可以从两个角度接球,使一名防守队员无法阻隔内线进攻队员接球。而只有让内线进攻队员接到"适手"的球,才能发挥其内线进攻技术。三角进攻战术的这种作用与没有使用三角进攻战术的球队相比,它的实战效用是显而易见的,一些没有使用三角进攻战术的球队,就因为不能解决内线进攻队员"接球"问题,而使内线进攻队员不能充分发挥进攻威力。比如:火箭队中锋姚明经常遇到对手"绕前防守"接不到球,因此不能充分发挥其内线进攻技术。而奥尼尔在太阳队"失落"的重要原因,也是因为太阳队根本就没有一种让他在篮下接球强攻的主要战术所致。由此可知:要想发挥内线进攻队员的威胁,首先要解决"接球"问题。三角进攻战术,就是通过首先解决内线进攻队员的"接球"问题,进而充分发挥内线进攻队员威胁的进攻战术。

第二,当内线进攻队员受到"包夹"时,内线进攻队员策应传球、助攻外线队员远投,是三角进攻篮下强攻战术过程的"自然反应",这种"自然反应"即是通过内线强攻的转换方式,使内、外线进攻有机地结合起来,进而使三角进攻战术具有更强的功效和实用性。在内、外线进攻的转换中,往往是从内线打到外线,因为,防守方对内线进攻的破坏,必然以丧失对外线进攻的严防为代价。而三角进攻战术要想使战术本身具有持续性功效,就必然从外线进攻上做出持续性"应对",这种"应对"必须是一种颇具威胁的攻

击方式和很有成效的几个攻击点。惟其如此，才能有效地抓住瞬息即逝的外线进攻时机。比如：湖人队的场上阵容中几名外线队员都是NBA著名的"投篮手"，菲尔·杰克逊甚至让控球后卫都必须是优秀的"投篮手"。由此可知，优秀的"投篮手"之于三角进攻战术的重要程度甚至大于掌控进攻过程，而掌控进攻战术进程最主要靠三角进攻战术本身的"应对性"。

第三，三角进攻战术的"应对性"还表现为：当它进行篮下强攻受阻后，不但能够转换为外线进攻，而且在被防守方"识破"并有所防范后，"应对"地转换为另一种内线队员的进攻，使三角进攻战术的方式转换更加丰富多样、机动灵活。这种多方式进攻转换的关键是需要一名既能强攻又能策应的高大内线进攻队员。这一点，从湖人队近几个赛季比赛成绩的根本性变化上清楚看到：当加索尔来到湖人队之后，湖人队的三角进攻战术变得锐不可挡，其主要原因就是加索尔不但具有篮下强攻的能力，更重要的是加索尔具有很强的策应助攻能力。加索尔加入湖人队之后，使湖人队不但篮下强攻威力增加，更重要的是通过篮下的威胁，迫使防守方缩小防御区域，使外线进攻和另一个内线进攻点获得更多良好进攻时机，并且使湖人队内、外线进攻更好地结合起来。

综上所述，可以看出：经典的"大三角"进攻战术首先看重的是篮下强攻的进攻方式。当这种强攻方式受阻时，三角进攻战术的"应对性"就会发挥作用，篮下强攻转换为外线或另一名内线队员的进攻。三角进攻战术的"应对性"使战术本身方式多样、机动灵活。

第三节 "移动三角"的进攻方式

菲尔·杰克逊的三角进攻战术具有"移动"的性质。菲尔·杰

克逊的进攻三角有相当一部分是在"移动"中建立的。"移动三角"的建立方式为：先在一侧预先建立进攻三角的两个"底角"，然后，再把"潜伏"在另一侧的高大内线队员，通过有掩护的移动，成为摆脱了防守的"三角顶点"，形成"移动三角"。显而易见，这种"移动三角"更容易让内线进攻队员接球进攻和策应助攻。因此，"移动三角"进攻方式的进攻效率也相应高于其他三角进攻方式。只是"移动三角"的建立却比建立其他进攻三角要困难得多。

一、"移动"篮下强攻的进攻方式

(1) 参战阵容
①费舍尔（控球后卫）； ②科比（攻击后卫）；
③阿泰斯特（小前锋）； ④奥多姆（大前锋）；
⑤加索尔（中锋）。

(2) 战术进行过程

如图 3-6-1 所示，控球后卫费舍尔传球给阿泰斯特，然后快速移动到右侧底角。与此同时，科比移动到中间高位，弥补中间的空缺，并保持"攻守平衡"。

如图 3-6-2 所示，阿泰斯特传球给移动到底角的费舍尔。与此同时，"潜伏"在左侧的奥多姆利用加索尔的掩护，摆脱防守，移动到右侧罚

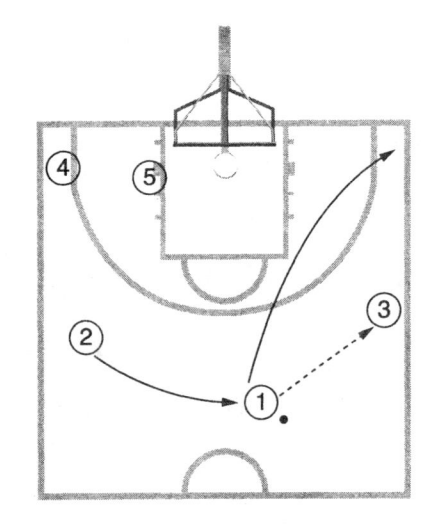

图 3-6-1 "移动"篮下强攻

球区腰部，成为"移动三角"的顶点。一个"移动三角"在右侧建立起来。

如图 3-6-3 所示，费舍尔传球给移动到右侧的奥多姆，然后，费舍尔快速移动到左侧，为奥多姆篮下强攻拉开进攻空间。奥多姆接球后从"上线"运球强行攻击。

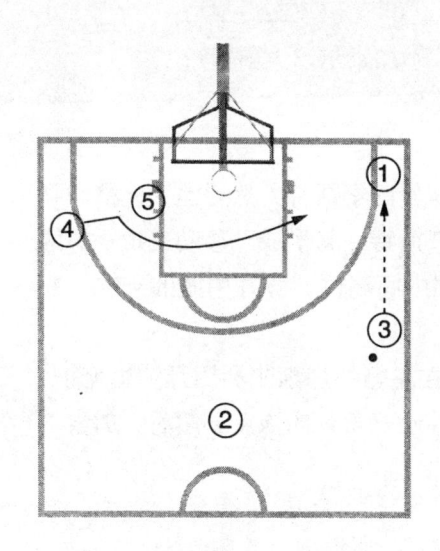

图 3-6-2　"移动"篮下强攻 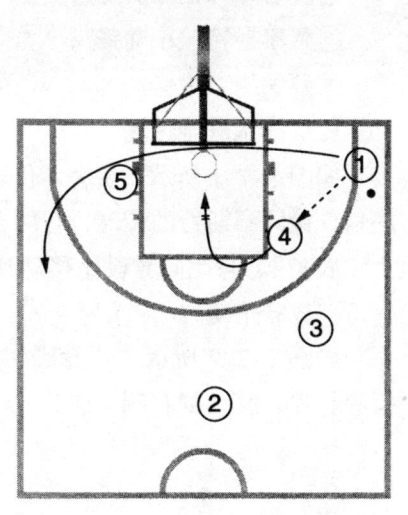　　　　图 3-6-3　"移动"篮下强攻

(3) **战术解析**

这种进攻战术的关键点在于：第一，"移动三角"进攻方式与其他三角进攻方式的最大区别是它的"移动性"，它的"移动性"使之具有相当强的战术"隐蔽性"，并由此产生难以防御的进攻效果。第二，移动进攻能力强的人，有利于参与"移动三角"进攻。比如：奥多姆的篮下强攻能力并不强，但他的移动进攻能力强，所以，他能在进攻中发挥移动中篮下攻击能力。

二、"移动"内线队员策应远投的进攻方式

(1) 参战阵容
①费舍尔（控球后卫）；　②科比（攻击后卫）；
③阿泰斯特（小前锋）；　④加索尔（大前锋）；
⑤拜纳姆（中锋）。

(2) 战术进行过程

如图 3-7-1 所示：费舍尔传球给阿泰斯特，然后他快速移动到底角，接阿泰斯特的传球，与阿泰斯特一起形成"移动三角"的两个"底角"。与此同时科比移动到中间高位，弥补中间的空缺，并保持"攻守平衡"。

如图 3-7-2 所示，"潜伏"在左侧的加索尔利用拜纳姆掩护，摆脱防守，移动到右侧，成为"移动三角"的顶点。然后，加索尔

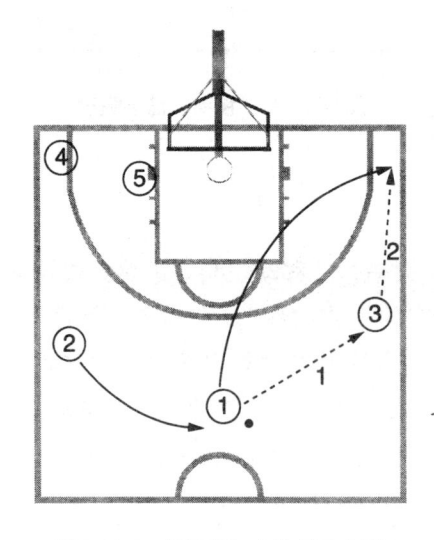

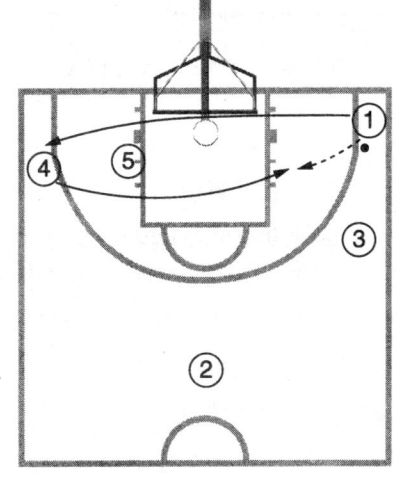

图 3-7-1 "移动"中锋策应远投　　图 3-7-2 "移动"中锋策应远投

接费舍尔传球，形成对防守内线的强大威胁。同时，费舍尔快速移动到左侧，为加索尔篮下进攻拉开空间。

如图 3-7-3 所示，加索尔持球后遇到防守"包夹"，同时也迫使防守方缩小防区，使外线队友获得进攻时机。加索尔因势利导，顺势策应传球给科比，科比接球后遇到防守队员快速补防，于是科比传球给移动到左侧底角的费舍尔，费舍尔接球投篮得分。

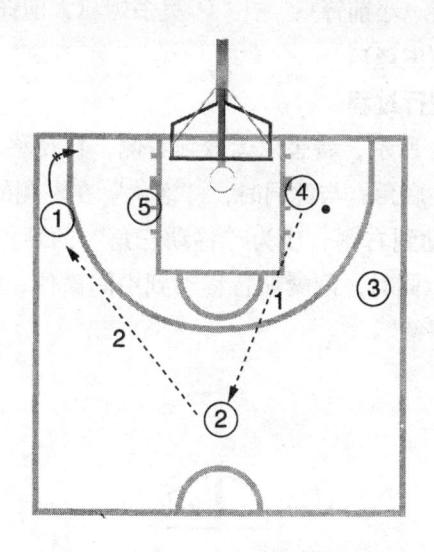

图 3-7-3 "移动"中锋策应远投

(3) 战术解析

这种进攻战术的关键点在于：第一，"移动三角"进攻对"移动"中锋的战术要求高，他不但要求中锋具有进攻和策应助攻能力，而且要求较强的移动能力，要能在移动中实现中锋的进攻作用。第二，"移动"三角进攻战术要求整体战术的各部分之间的衔接性强，两个"底角"的落位与三角"顶点"的到位要紧密链接，先后有序，否则就会空有筹划、劳而无功。

三、"移动"内线队员策应内攻的进攻方式

(1) 参战阵容
①费舍尔（控球后卫）；　②科比（攻击后卫）；
③阿泰斯特（小前锋）；　④奥多姆（大前锋）；
⑤加索尔（中锋）。

(2) 战术进行过程
如图 3-8-1 所示，费舍尔运球到右侧，科比移动到右侧底角，形成两名队员在底角；与此同时，"潜伏"在左侧的加索尔利用奥多姆的掩护移动到右侧，成为"移动三角"的顶点，使"移动三角"建立起来。同时，阿泰斯特移动到中间高位，弥补中间空缺，并保持"攻守平衡"。

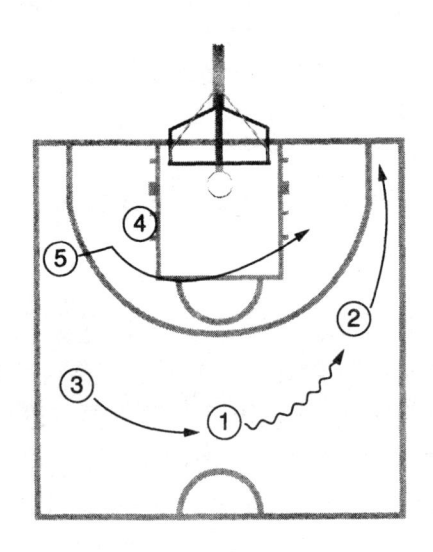

图 3-8-1 "移动"中锋策应内攻

如图 3-8-2 所示，费舍尔传球给加索尔，然后反身给底角的科比掩护。这种两名队员通过掩护摆脱防守获得进攻机会的战术配合，是三角进攻战术的反应配合之一。它反映了三角进攻战术的反应先从"近体"开始的规律。

如图 3-8-3 所示，科比利用费舍尔的掩护，从"上线"空切；加索尔利用持球牵制防守方，然后，传球给科比，科比接球后运球上篮得分。

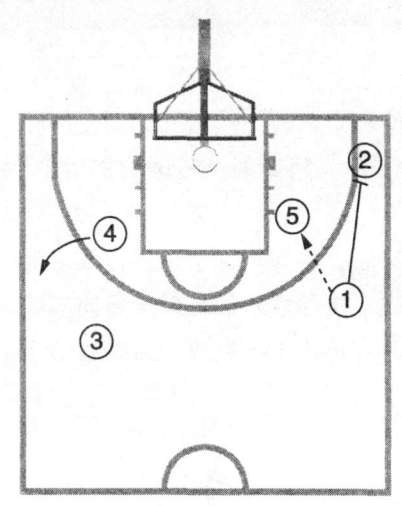

图 3-8-2 "移动"中锋策应内攻 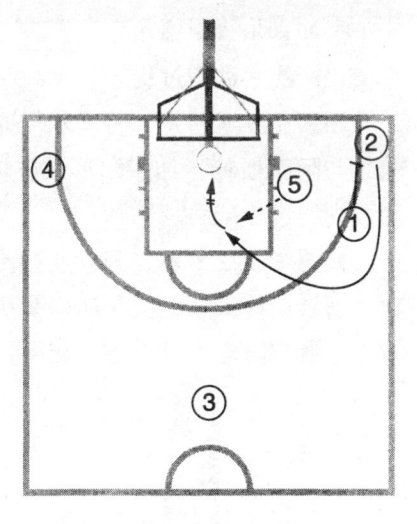　　图 3-8-3 "移动"中锋策应内攻

(3) 战术解析

这种进攻战术的关键点在于：第一，当篮下强攻获得攻击效益之后，必然遭到防守方严密防守；而"移动"中锋对防守方的牵制，又给队员创造许多进攻机会，因此，选择进攻机会尤为重要。第二，选择进攻机会就要求外线进攻队员技术的全面性。要既能进行外线远投，又能运球突破，惟其如此，才能在外线远投机会消失之后，马上抓住运球突破的机会，使三角进攻战术的变化形式层出不穷。

四、"移动"式内线队员进攻方式

(1) 参战阵容
①费舍尔（控球后卫）； ②科比（攻击后卫）；
③阿泰斯特（小前锋）； ④奥多姆（大前锋）；
⑤加索尔（中锋）。

(2) 战术进行过程

如图 3-9-1 所示，费舍尔传球给阿泰斯特，然后移动到左侧底角，与阿泰斯特、加索尔形成进攻三角。阿泰斯特传球给加索尔，形成内线进攻威胁。

如图 3-9-2 所示，阿泰斯特传球后，立即与加索尔进行策应配合，阿泰斯特沿"上线"向内线切入。接加索尔回传球准备向内线攻击，遇到防守方"重兵"防御，改直接攻击为助攻，乘外线防守

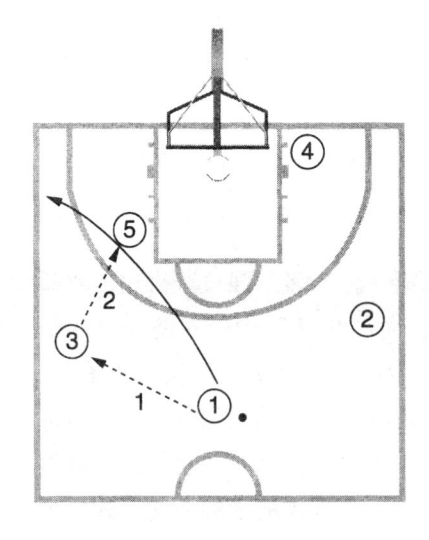

图 3-9-1 "移动"中锋攻击　　　图 3-9-2 "移动"中锋攻击

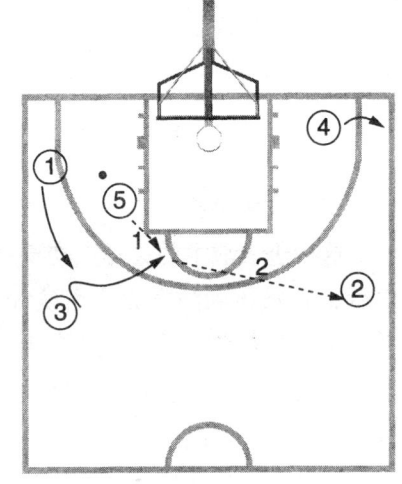

之虚传球给队友科比。与此同时，内线队员奥多姆悄悄移动到右侧底角，腾空了右侧内线。

如图 3-9-3 所示，科比传球给移动到右侧底角的奥多姆。与此同时，传球后的阿泰斯特转身给加索尔掩护，加索尔利用掩护移动到右侧，成为"移动"三角的顶点。奥多姆乘加索尔的防守"脱防"，传球给加索尔，加索尔接球转身投篮得分。

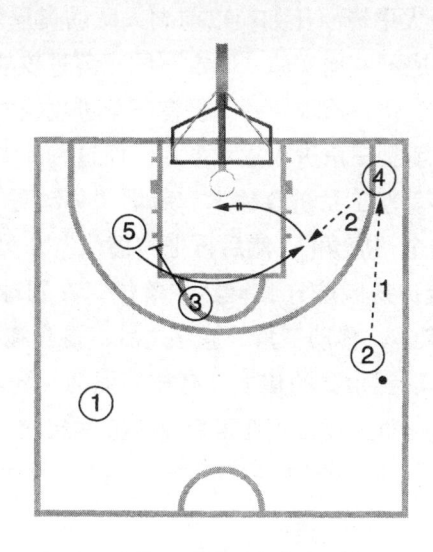

图 3-9-3 "移动"中锋攻击

(3) 战术解析

这种进攻战术的关键点在于：第一，这是一次战术内容"复杂"、战术过程繁复的"移动"三角进攻战术。它先在左侧进行一次三角战术配合，然后，再移动到右侧进行第二次三角战术配合。第二，整体进攻经历了从外到内、再由内到外，又由外到内的过程，在这个过程中运用了几乎所有的阵地进攻技术。这说明三角进攻战术的技术可容性极强，实战"反应"非常敏锐。三角进攻战术是一种"反应敏锐"、遇难则变的实用性很强的进攻战术。

五、本节结语

"移动"三角进攻方式是程序最繁复、内容最丰富的三角进攻方式,它有如下战术特点:第一,战术过程的繁复性。显而易见,除非具有超级高大中锋(比如:以前湖人队的奥尼尔等)才能"以静制动"地、一成不变地实施"固定"的三角进攻战术。否则,就必须追求创造性变化;追求一种既保持三角进攻战术特点,又具有适应实战需求的新型三角进攻战术形式。而这种新型三角进攻战术形式,就是"移动"三角进攻战术。所谓"移动"三角进攻战术,就是预先设置两个"底角",然后再把"潜伏"在另一侧的高大内线队员,通过掩护摆脱防守,突然"落位"在罚球区腰部,成为"移动三角"顶点。"移动三角"建立之后,再实施三角进攻过程。由此可知,"移动三角"的建立具有相当强的"隐蔽性",但也因此而使"移动"三角进攻过程变得繁复、战术层次繁多。与此相适应,"移动"三角进攻战术的内容也相应地变得多而丰富。

第二,战术内容的丰富性。"移动"三角进攻战术实质是通过"移动"占据攻守先机。"潜伏移动"的三角顶点比"固定顶点"更容易接球进攻,并能够占据攻守的有利位置,这种有利位置则会迫使防守方漏出更多破绽。而防守方更多的破绽则使进攻方有更多的攻击选择,并使"移动"三角进攻战术因此丰富了战术内容。比如:第四种"移动"三角进攻战术就是一个很好的战例。它先从外到内、再由内到外,又由外到内,通过人动球动,反复调动防守,使防守方疲于补防,漏洞多,防不胜防。最终被进攻方抓住内线漏洞,一击致命。由此可知,通过"移动"抢得的先机,使进攻方争得主动并获得多点攻击选择;多点攻击选择可以从容选出最佳进攻时机,战术的丰富内容显然增加了战术的功效。

第三，战术配合的链接机制。复杂的战术过程、丰富的战术内容，都要求战术配合之间具有良好的链接机制。否则，复杂会出现忙乱。"移动"三角进攻战术配合之间是以攻击转换为"分界"的，每一次攻击转换都是迫使防守方放弃某一方面的防御，而进攻方下一个配合都发生在防守方放弃防御的方面。由此可以看出："移动"三角进攻战术的配合链接机制是一种以"实战需要"为内涵的链接机制。所以，这种链接机制经得起实战考验，可以有效链接复杂的战术过程和丰富的战术内容。

综上所述，可以看出："移动"三角进攻战术具有复杂的战术过程和丰富的战术内容。它蕴含着许多良好的进攻时机，并因此使之具有强大的进攻功效。它的链接机制是以"实战需要"为内涵的链接机制，并因此具有良好的衔接战术配合功能。

第四节 "换位"三角进攻方式

当进攻阵容在三角进攻战术移动过程中实现"内、外线换位"后，往往出现在内线小个队员"一对一"的进攻时机，而有计划地创造小个队员利用"中锋技术动作"进行"内线强攻"的整体进攻战术打法，是三角进攻战术"外线内打"的重要攻击方式。这种进攻方式，始现于杰克逊"三角进攻"战术，杰克逊运用这种战术，创造了迈克尔·乔丹利用"运球转身后仰跳投"的中锋技术动作进行"内线强攻"的整体进攻战术打法，造就了公牛队第二次夺取NBA"三连冠"。这种进攻方式囊括了三角进攻战术所有内攻外联、内外结合的进攻形式。而最大的不同就是把三角进攻的"顶点"换成"小个队员"，以"小个队员"担当内线强攻、策应助攻的"战术中枢"。

一、"换位"内线强攻的进攻方式

(1) 参战阵容
①费舍尔（控球后卫）；　　②科比（攻击后卫）；
③阿泰斯特（小前锋）；　　④奥多姆（大前锋）；
⑤加索尔（中锋）。

(2) 战术进行过程

如图 3-10-1 所示，费舍尔运球到左侧传球给底角的奥多姆，奥多姆传球给内线的加索尔。这时防守方的注意力都集中在左侧，故而忽略了对右侧的关注。于是，落位在右侧的科比乘虚移动到右侧内线"潜伏"下来。

如图 3-10-2 所示，加索尔接球后受到了防守方"包夹"，并因此放松了对外线的关注。加索尔乘虚传球给外线队友阿泰斯特，阿

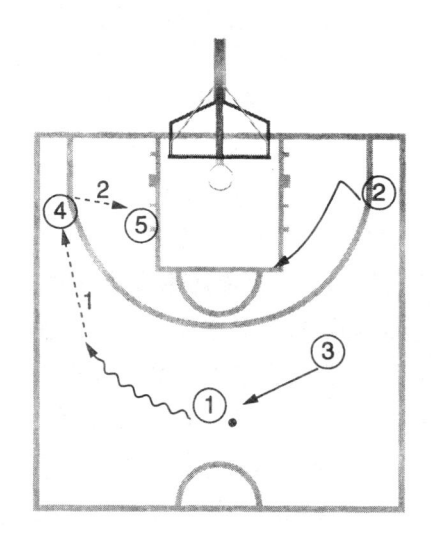

图 3-10-1　"换位"内线强攻　　　图 3-10-2　"换位"内线强攻

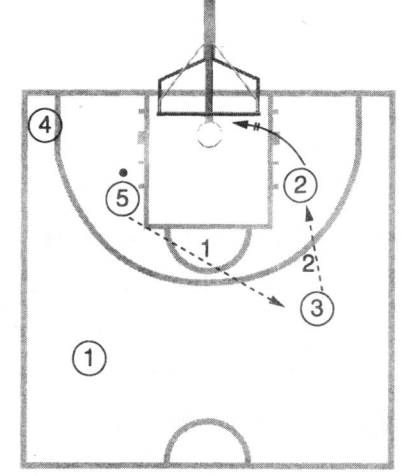

泰斯特接球后遇到防守方快速"轮转补防",于是,阿泰斯特传球给"潜伏"在内线的科比,科比接球后运用运球转身跳投技术强攻篮下得分。

(3) 战术解析

这种进攻战术的关键点在于:第一,整个战术过程包括两个部分;其一,左侧"固定式"三角进攻转为策应;其二,进攻锋芒由内到外后、再由外到内进行篮下强攻。第二,外线队员篮下强攻。杰克逊战术思想中总有"外线内攻"的因素存在。以前是乔丹,现在是科比,都是用攻击能力最强的队员进行"外线内攻"。

二、外线策应内攻的进攻方式

(1) 参战阵容

①费舍尔(控球后卫);
②科比(攻击后卫);
③阿泰斯特(小前锋);
④奥多姆(大前锋);
⑤拜纳姆(中锋)。

(2) 战术进行过程

如图 3-11-1 所示,费舍尔运球到右侧,科比移动到内线,原来站在内线的奥多姆相机移动到右侧底角,形成以小个队员为顶点的"换位"进攻三角。

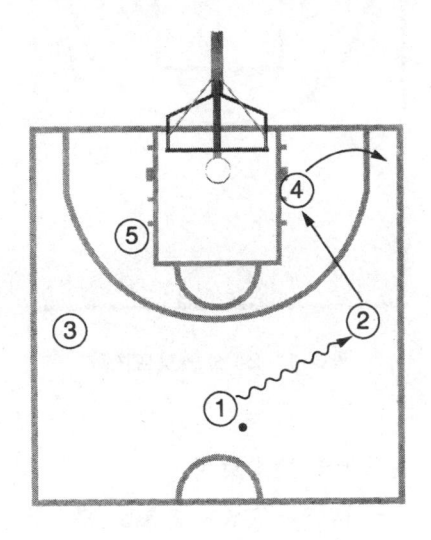

图 3-11-1 外线策应内攻

如图 3-11-2 所示，费舍尔传球给移动到底角的奥多姆，奥多姆传球给移动到内线的科比。需要强调的是：科比是湖人队第一攻击手，因此科比接球总能吸引防守方重点关注和重兵设防，并放松对其他进攻队员的防守。当科比持球的时候，利用他的"牵制"并让他策应助攻其他进攻队员，往往获得非常好的进攻效果。

如图 3-11-3 所示，科比强大的进攻威胁吸引了防守方的重点关注，使其他进攻队员获得较为轻松的行动环境，拜纳姆利用这种环境，绕到罚球区正面突然切入，接科比策应传球，然后上篮得分。

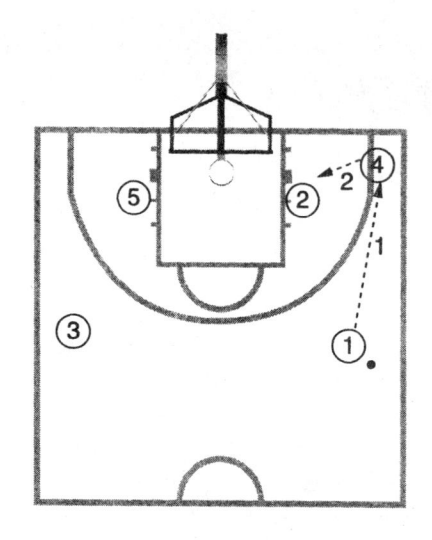

图 3-11-2　外线策应内攻　　　图 3-11-3　外线策应内攻

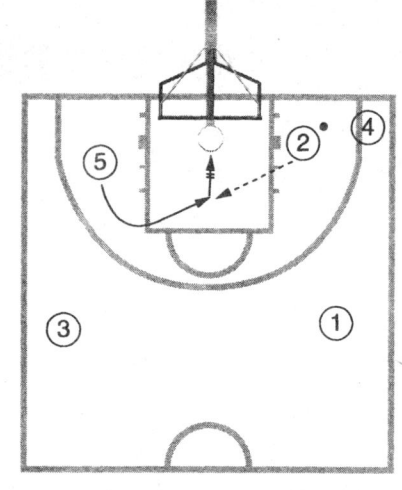

(3) 战术解析

这种进攻战术的关键点在于：第一，科比强大的进攻威胁，能够牵制防守并使其他进攻队友获得"宽松"环境。一旦这种局面出现，很容易进行战术配合，进而创造进攻时机。第二，其他进攻队友应该善于抓住这种机会，积极行动并与科比形成良好的配合默

契。只有建立了配合默契，才能形成"战术合力"，在"宽松"环境中创造攻击时机并使之成功。

三、三角"转移弱侧"传切的进攻方式

(1) 参战阵容

①费舍尔（控球后卫）； ②科比（攻击后卫）；
③阿泰斯特（小前锋）； ④奥多姆（大前锋）；
⑤加索尔（中锋）。

(2) 战术进行过程

如图 3-12-1 所示，费舍尔运球到左侧，与底角的奥多姆、站在内线的加索尔形成进攻三角。然后，费舍尔传球给底角的奥多姆，奥多姆再传球给内线的加索尔，形成内线进攻威胁。

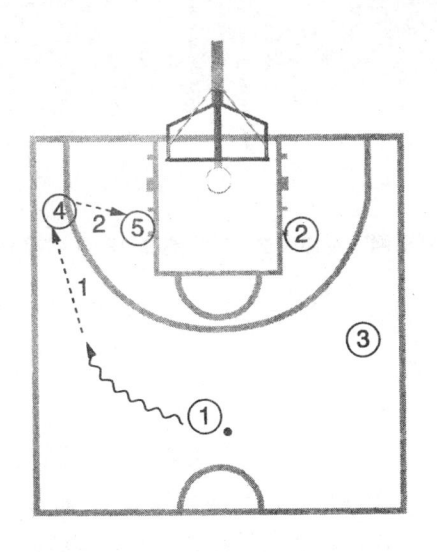

图 3-12-1 "转移弱侧"传切攻击

NBA 经典进攻战术解析

如图 3-12-2 所示，加索尔接球后引起防守方的"包夹"，于是加索尔乘机传球到"弱侧"，把球传给"弱侧"外线队友阿泰斯特。与此同时，站在"弱侧"内线的科比悄悄移动到外线底角。

如图 3-12-3 所示，阿泰斯特接球后准备投篮，遇到防守方快速"轮转补防"，改投为传，传球给底角的科比，然后快速沿"外侧"向内线切入。科比接球后，引起防守不顾一切的补防，致使防守内线空虚，科比乘机传球给切入的阿泰斯特，阿泰斯特接球上篮得分。

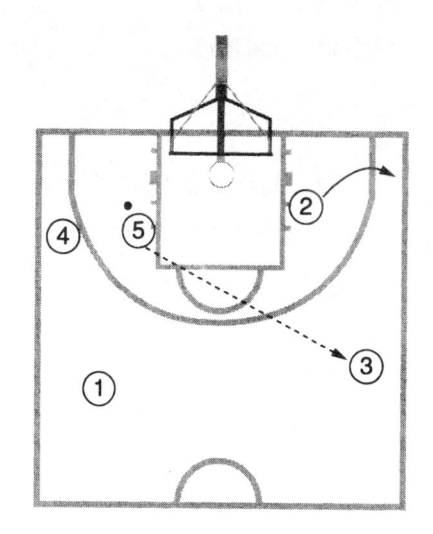

图 3-12-2 "转移弱侧"传切攻击　　图 3-12-3 "转移弱侧"传切攻击

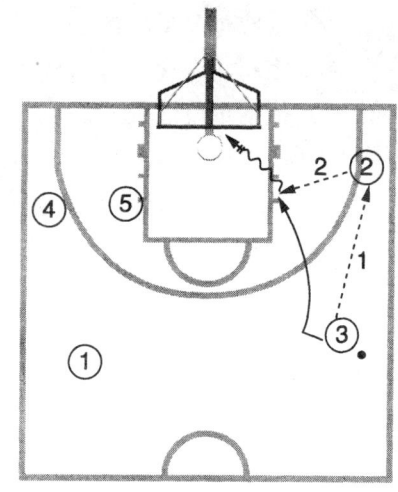

(3) 战术解析

这种进攻战术的关键点在于：第一，这是一种由三角进攻开始，原先预攻篮下，遇到重兵防守，然后转移到"弱侧"攻击的战术。从本质上讲，这也是一种"战术反应"，但是，这种"战术反应"很大，从"强侧"转移到"弱侧"，是一种虚强实弱、声东击西的"转移"攻击战术。第二，科比的强大攻击威胁，依然起着重

要的"牵制"作用。正是这种"牵制"作用,使防守方内线防线"洞开",进攻方使用一个简单的"传切"配合,就可以取得很好的进攻效果。

四、"换位"策应远投的进攻方式

(1) 参战阵容

①费舍尔(控球后卫); ②科比(攻击后卫);
③阿泰斯特(小前锋); ④奥多姆(大前锋);
⑤加索尔(中锋)。

(2) 战术进行过程

如图 3-13-1 所示,费舍尔运球到左侧,身居内线的奥多姆移动到底角,身居外线的科比移动到内线,奥多姆与科比通过移动"换位"与费舍尔在左侧建立起"进攻三角"。

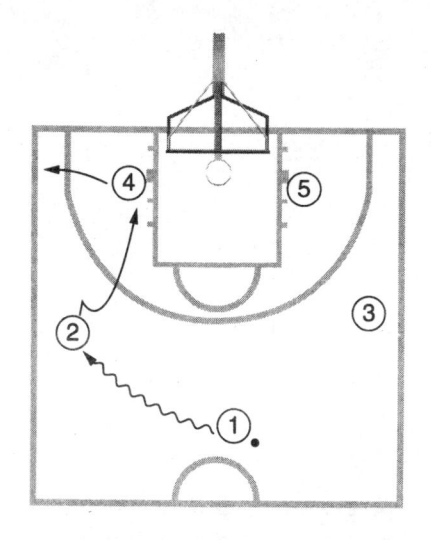

图 3-13-1 "换位"策应远投

如图 3-13-2 所示，费舍尔传球给底角的奥多姆，奥多姆传球给科比，形成内线威胁。与此同时，加索尔相机向底线移动，试图躲开防守方的注意。

如图 3-13-3 所示，科比接球后遇到防守方重兵密集围防，于是运球向上线突破，乘机传球给外线队友阿泰斯特，阿泰斯特接球投篮得分。

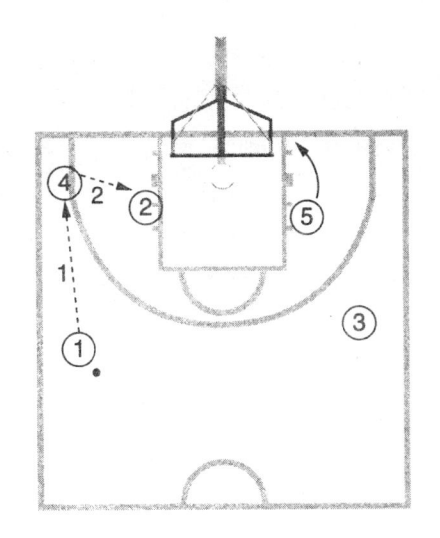

图 3-13-2 "换位"策应远投　　图 3-13-3 "换位"策应远投

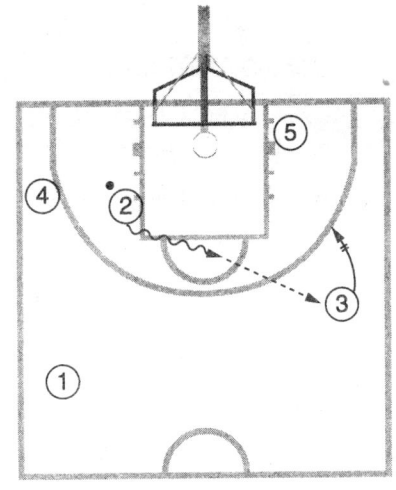

(3) 战术解析

这种进攻战术的关键点在于：第一，"小个"队员的内线策应因为缺乏"高度"而很难在"原地"进行，但是"小个"队员的身体灵活性与技术多样性又强于高大队员，所以，"小个"队员内线策应往往通过运球突破，摆脱防守紧逼，获得策应"条件"才能进行。科比的这次内线运球策应就是最好的战例。第二，科比强大的攻击威胁在于：只要持球，就有威胁，而不仅仅限于某一区域或某种条件。所以，科比的内线策应，往往能让外线队员获得更好的进攻时机。

五、"避实就虚"的进攻方式

(1) 参战阵容
①费舍尔（控球后卫）；　　②科比（攻击后卫）；
③阿泰斯特（小前锋）；　　④加索尔（大前锋）；
⑤拜纳姆（中锋）。

(2) 战术进行过程

如图 3-14-1 所示，在进攻战术进行之前，左侧已经建立了一个进攻三角，而且科比也落位在左侧，因此，这种进攻阵型把防守方的注意力吸引到左侧，并把防守重兵布置在左侧。这时费舍尔却"避实就虚"把球传到防守虚弱的右侧，传球给"扎根"在右侧内线的阿泰斯特。

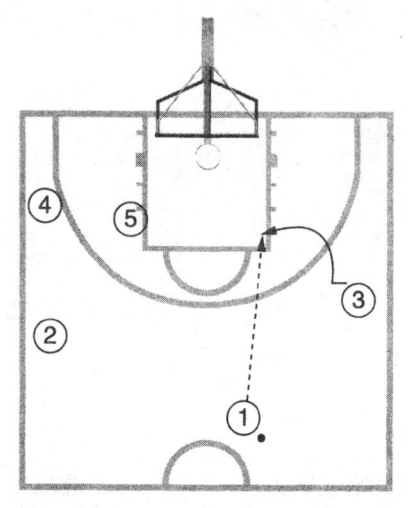

图 3-14-1 "避实就虚"进攻方式

NBA 经典进攻战术解析

如图 3-14-2 所示，费舍尔传球后，向有球一侧快速"包抄"，接阿泰斯特的回传球后，运球沿底线向篮下突破，遇到防守方拦截，费舍尔策应传球给阿泰斯特。

如图 3-14-3 所示，右侧的"策应"配合打得"轰轰烈烈"，使防守方感到"受骗上当"，迅速转移防守重点，把防守重兵回防到"有球一侧"。因此，内线持球队员阿泰斯特受到防守方"围追堵截"，并由此放松了对外线的"严防"。阿泰斯特"抓住"这种情况，做出快速"反应"，传球给外线队友科比；科比接球后遇到防守快速"轮转补防"，科比运用"运球急停跳投"技术，摆脱防守投篮得分。

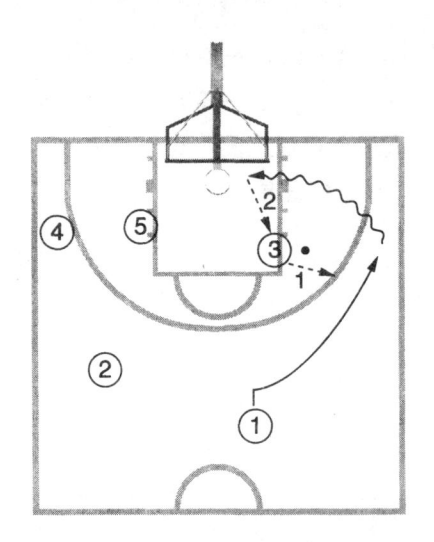

图 3-14-2 "避实就虚"进攻方式　　图 3-14-3 "避实就虚"进攻方式

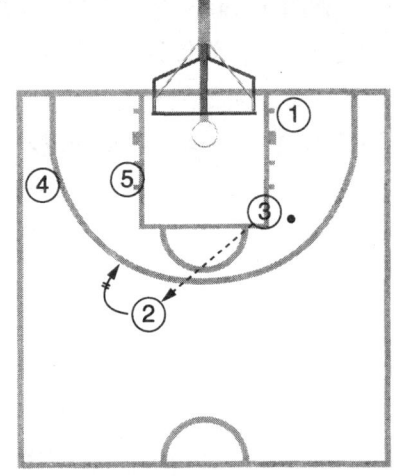

(3) 战术解析

这种进攻战术的关键点在于：第一，进攻方左侧的"虚张声势"要做得逼真，并要配置重要进攻队员。这样才能骗得防守方

"上当"和布置错误防守阵型。第二,真实的进攻要打得"有声有色"。这样才能使防守方在"回防"过程中犯下"无法改正的错误",而使进攻方获得良好的进攻时机,并一击致命。

六、本节结语

"换位"三角进攻方式在战术形式上与其他三角进攻方式基本相同,所不同的是进攻三角"顶点"的人员设置安排。但是,这一点小小不同却蕴含着非常重要的意义。这是因为:第一,进攻三角的"顶点"区域是最重要的进攻区域。这一区域是防守方不能"拒绝"进攻方"进入"的、离篮圈最近的、进攻威胁最大的区域。第二,进攻战术的本质是设置帮助进攻队员技术发挥的战术配合,首先要设置的是帮助第一主力技术发挥的战术配合,而要做到这一点,就应该把第一主力放到进攻威胁最大的区域,亦即进攻三角的"顶点"。第三,NBA衡量优秀进攻队员的标准:一位队员不仅仅要能取得高进攻效益,而且还要能在关键时刻、在激烈对抗的情况下取得高进攻效益。三角进攻战术要求进攻三角的"顶点"必须在进攻的关键时刻、在激烈对抗的环境中创造高进攻效益,三角进攻战术的要求与NBA衡量优秀进攻队员的标准完全一致。因此,三角进攻战术要求三角"顶点"必须是NBA优秀进攻队员,而只有NBA最优秀的队员充当三角"顶点",才能使三角进攻战术产生最大的进攻效率。基于以上三点,可以看出:"换位"三角进攻战术与其他三角进攻战术有重要区别,它把第一主力放在进攻威胁最大的区域,以期在最关键时刻,让第一主力发挥最主要的进攻作用,并且使三角进攻战术发挥最大的进攻效益。正因为如此,"换位"三角进攻战术发挥出如下进攻效益:

第一,在比赛最关键时刻,让第一主力承担最重要的攻击责任。杰克逊说过:"乔丹就像一个银行,想什么时候取钱,就什么时候取钱。"意思是说:乔丹总能在杰克逊想要他发挥作用的时候得分,挽狂澜于既倒。之所以如此,是因为杰克逊让乔丹担任三角"顶点",在最关键时刻,在进攻威胁最大的区域发挥乔丹进攻方面的作用。

第二,第一主力的篮下牵制作用大于一般高大内线队员。第一主力也是第一防守重点,当第一主力站在进攻威胁最大区域时,势必引起防守方最大的关注和最重点的"围追堵截",这就会使其他进攻队员获得更宽松的进攻环境和得到更好的进攻时机。尽管"小个队员"的内线策应难于高大队员,但是,"小个队员"的技术全面性和身体灵活性都好于高大队员,这就使"小个队员"能够完成"高难度"的内线策应,实现更好的"由内到外"的助攻作用,创造更好的外线进攻机会。

综上所述,可以看出:"换位"三角进攻战术实质上是一种把第一主力放在最有进攻威胁位置进行攻击的三角进攻战术。它能更充分发挥第一主力的攻击能力和策应助攻能力,使三角进攻的功效与第一主力的进攻作用更有效地结合起来。

第四章 普林斯顿进攻战术

第一节 普林斯顿进攻战术理念

普林斯顿进攻战术的缔造者并不是国王队教练阿德尔曼，而是普林斯顿大学的老教练皮特·卡里尔（PETE CARRIL）。就像"禅师"菲尔·杰克逊（Phil Jackson）之于三角进攻战术一样，阿德尔曼（Rick Adelman）也只是普林斯顿进攻战术的拥趸之一。2002年NBA西部决赛萨克拉门托国王队和洛杉矶湖人队的七场大战，使普林斯顿进攻战术以其灵活机动的进攻方式和惊人的攻击效率昭示于世人之前而让人震惊。阿德尔曼使普林斯顿进攻战术获得了最大的使用效益和最高欣赏价值。

普林斯顿进攻战术与其他进攻战术最本质的区别在于：它并不是一种按固定路线进攻的战术体系，而是一种没有固定套路的"开放式"进攻战术打法。它不是依靠执行固定的战术配合设计，而是通过不断的移动来"自由地"创造进攻机会。在这个灵活性很强的体系中，场上的所有球员在球队进攻中都能找到适合自己的位置并充分发挥自己的技术能力。

因为普林斯顿进攻战术是一种"无固定结构"、无预定战术套路设计的"自由式"进攻模式。所以它往往能获得"后发先至"战术效果，取得攻守战术应对上的主动权。在实战中，任何精妙的战术设计在实施几次之后，都会被对手识破并采取相应的应对措施；

一旦这种情况出现，预定战术的实施即会出现阻滞和被破坏的现象。这时，进攻方则会采用"预先设计"战术的变换方式来改变不利的战局。但是，这种战术的变换是有限的，更重要的是这种战术变换的有效性也是有限的。而只有根据对手情况，随机进行"后发制人"的战术配合，才能"后发先至"，取得攻守战术应对上的优势。在这一点上，普林斯顿自由式进攻模式具有比其他所有进攻战术体系更机动、灵活，更能获得攻守应对主动的优秀品质。

普林斯顿进攻战术虽然是一种"无固定结构"、无预定战术套路设计的"自由式"进攻模式。但是，它在实施时必须遵循两大原则：第一，高大内线队员上提到罚球线以外。由于普林斯顿战术要求高大内线队员能够进行远投攻击，所以当高大内线队员在外线持球时，防守方内线高大队员被迫跟随上提，造成防守方内线空虚；这就为进攻方各个位置队员由外向内的空切（多数是背向空切）和反跑等战术行动的采用，提供了条件。值得注意的是：空切和反跑形成的传切和策应配合，是普林斯顿战术的主要配合。从这个意义上说，高大内线队员上提到罚球线以外的战术行动，为普林斯顿战术的实施，创造了有利的"地域环境"。 第二，普林斯顿战术要求5个位置的队员都具有很强的进攻能力，这就迫使防守队员必须采取"逼迫性、扩大式"防守、必须非常专注地防守自己的"对象"而无暇参与协防行动；当进攻队员在外线移动时，防守队员的"逼迫性、扩大式"防守（特别是抢断球的行动）在客观上也造成了防守方内线的空虚，为进攻队员的由外向内空切和反跑，提供了不可或缺的条件。普林斯顿战术强调拉空防守的内线区域，为空切、反跑创造有利条件，实质上是为它的进攻模式创造了能够"自由地"实施战术配合的必要环境。

在"自由地"环境中，随机地采用合理的战术配合，就必须对战术执行人的技术要求很高。在技术方面，普林斯顿战术要求球员拥有出色的外线投篮能力、传球以及左右兼顾的突破能力。这种技

第四章 普林斯顿进攻战术

术要求的内涵是：每个位置的战术执行人必须具有本位置和"临近"位置（两个位置）的技术。亦即：中锋队员必须具有中锋和大前锋的技术；大前锋必须具有大前锋和小前锋的技术；小前锋必须具有小前锋和攻击后位的技术；攻击后卫必须具有组织后卫和攻击后卫的技术；组织后卫也必须具有组织后卫和攻击后卫的技术。惟其如此，才能执行普林斯顿战术内外贯通、自如攻击、内线远投、外线内打的中心思想。惟其如此，战术执行人才能在"自由地"环境中采取"自由而合理"的战术行动。

而在所有技术要求中，最为重要的是对高大内线队员的技术要求。它不但要求两个高大队员能够内外攻击，而且要求他们能够纵观全局、策应队友攻击、执行"第二次组织进攻"。这是普林斯顿战术的核心："高大内线队员的罚球线策应"。高大内线队员的这种战术行动吸引了防守的高度关注、拉空了防守内线，使纵穿、横切的队友能恰到好处地接球攻击、或在防守薄弱的外线投篮。萨博尼斯"精确地像计算机一样的传球"、迪瓦兹精妙的策应、韦伯随心所欲的攻击和恰到好处的传球，都是普林斯顿战术所需要的高大内线队员的典范。普林斯顿战术要求高大内线队员必须做到智慧和技巧的完美结合；在篮球运动中最能体现智慧与技巧完美结合的战术行动，莫过于精妙的"助攻"，那种"精确得像计算机一样的传球助攻"，更多地体现了与队友心领神会的默契、洞察和抓住防守漏洞的敏锐，以及两者相加的智慧与技巧的完美结合。而在更多地展现"力与美"的篮球运动中，这种"智慧与技巧"的完美结合显得更为难能可贵。这种"智慧与技巧"完美结合的战术行动的意义在于：它智慧地使普林斯顿战术能够"自由地"实施和运转，并产生相当高的进攻效益。

要实现普林斯顿战术"自由地"实施和运转，还必须要求所有球员应具备无私的比赛态度并不断地努力为队友去创造投篮机会；"整体"的自由，往往需要"个体"付出某种欲望牺牲的代价，而

将"个体"融入到"整体"之中。惟其如此,才能选择最合理的进攻时机并进行最有效的攻击。而这种"个体"的牺牲很快会得到"回报",当队友的进攻吸引了防守注意的时候,自己也能获得更多的进攻时机。

除此之外,球员还必须具备对比赛出色的阅读能力。赋予场上的球员"创造进攻机会的自由权"是普林斯顿进攻战术的灵魂,如果不具有全面而高超的技术能力和阅读比赛能力,将无法合理地支配和使用"创造进攻机会的自由权"。最后,由于普林斯顿战术要求球员在场上不断地移动,所以拥有良好的体能也成为必需的因素。赋予场上的球员创造进攻机会的自由权,将激发这种"无固定结构"的战术体系的优势和潜能。并能弥补场外指导因"间接指挥"而造成的遗漏、失误或不足。

第二节 普林斯顿进攻战术实例解析

一、普林斯顿进攻战术之高位篇

通过中锋在高位的掩护、策应,其他队员进行外线远投或空切攻击,是普林斯顿战术的主要进攻方式之一。这种进攻战术首先让内线高大队员上提到高位(罚球线以上),当进攻方内线高大队员在高位持球时,由于其具有很强的高位进攻能力,所以进攻方的这一战术行动迫使防守方内线高大队员跟随上提,造成防守内线空虚。这就营造了进攻方空切、反跑的"环境",使进攻方可以随机进行策应、传切等战术配合。而当进攻方的传切、策应等战术配合获得进攻效益时,则会迫使防守方再次缩小防守,这又为普林斯顿

战术外线远投创造了"机遇"。

战术 1：高位策应外线远投的战术

(1) 场上阵容

①毕比（控球后卫）；　　　②克里斯蒂（攻击后卫）；

③斯托亚科维奇（小前锋）；④韦伯（大前锋）；

⑤迪瓦茨（中锋）。

如图 4-1 所示，②在三分弧顶外持球，④在高位，⑤在低位，①与③在两侧45°三分线外，形成 1-3-1 落位。

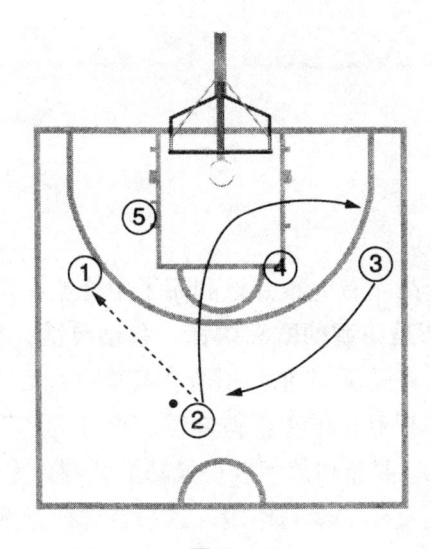

图 4-1

(2) 战术进行过程

如图 4-2-1 所示，①传球给弧顶的③，观察后将球传给站在罚球线的④，②横切后移动给②掩护。

如图 4-2-2 所示，②利用③的掩护快速摆脱防守，在弧顶得到了很好的投篮机会，这时④将球传出，②接球远距离投篮成功。与此同时，①与③注意迅速回防，以保持"攻守平衡"。

141

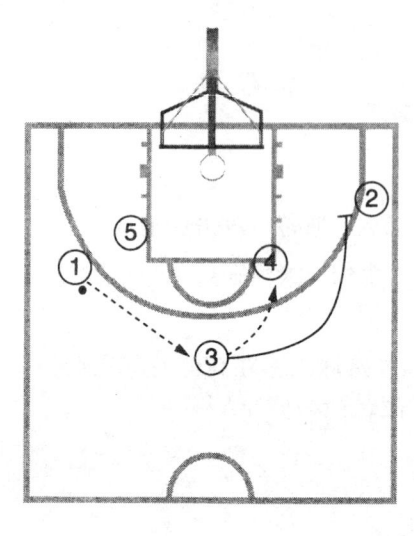

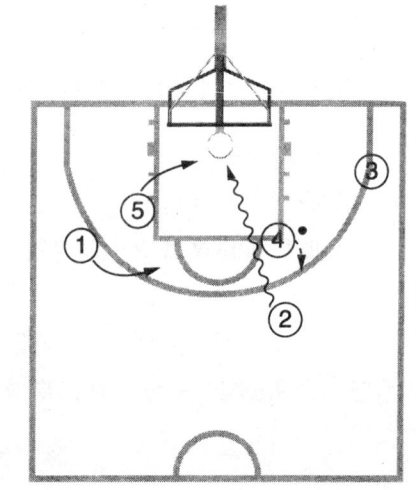

图 4-2-1　　　　　　　　　　图 4-2-2

(3) 战术解析

第一，这个战术首先很好地利用了中锋迪瓦茨高位策应的战术作用。迪瓦茨是典型的欧洲中锋，移动灵活，传球技术细腻，视野很好，他比克里斯·韦伯更适合在高位进行策应。第二，克里斯蒂的掩护使斯托亚科维奇获得接球远投时机；策应与掩护两个战术行动的协调，是整体战术获得成功的关键。克里斯·韦伯在低位的威胁也起到重要的牵制作用。这是普林斯顿战术典型的进攻方式之一。

战术 2：高位策应外线远投的战术

(1) 场上阵容

①毕比（控球后卫）；　　②克里斯蒂（攻击后卫）；
③斯托亚科维奇（小前锋）；④韦伯（大前锋）；
⑤迪瓦茨（中锋）。

如图4-3所示，⑤落位在弧顶，①持球于45°三分线外，④在低位，②在右侧底角三分线外，③在右侧45°三分线外，形成"不规则"落位阵型。

(2) 战术进行过程

如图4-4所示，①传球给高位的⑤，然后借助④的掩护横切到三分弧顶，⑤将球传给①投篮。

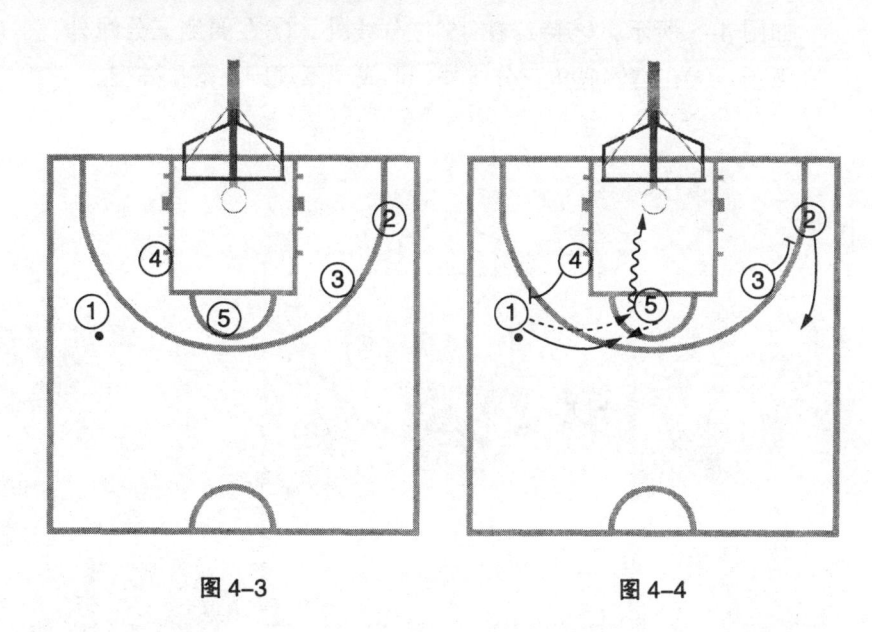

图4-3　　　　　　　　　图4-4

(3) 战术解析

第一，由于控球后卫毕比外线投篮的能力出色，所以这个战术主要是利用中锋迪瓦茨的高位策应，同时让内线进攻核心克里斯·韦伯给毕比进行掩护，使毕比摆脱防守，获得高位远投时机，投篮成功。第二，作为一名控球后卫，毕比具有出色的远投能力。这就使外线进攻增多了远投点，给防守方增加了防守难度，使防守方顾此失彼、防不胜防。而进攻方则可以内外结合、相得益彰。

战术 3：高位策应内线攻击的战术

(1) 场上阵容

①毕比（控球后卫）；　　②克里斯蒂（攻击后卫）；

③斯托亚科维奇（小前锋）；④韦伯（大前锋）；

⑤迪瓦茨（中锋）。

如图 4-5 所示，②持球在 45°三分线外，①在弱侧三分线外，④在弧顶，③在右侧底角三分线外，形成"不规则"落位阵型。

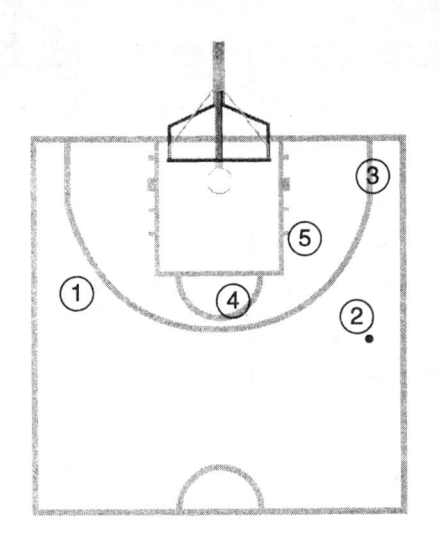

图 4-5

(2) 战术进行过程

如图 4-6-1 所示，②把球传给落在弧顶的④，②纵切给③掩护，③提上弧顶，④传球给③。

如图 4-6-2 所示，③再将球传出，④接球投篮，⑤冲抢篮板球，①与②回防。

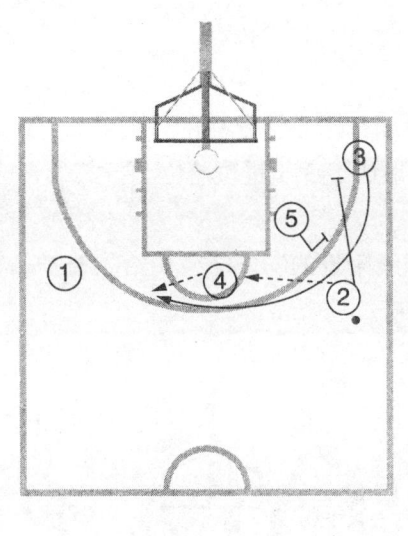

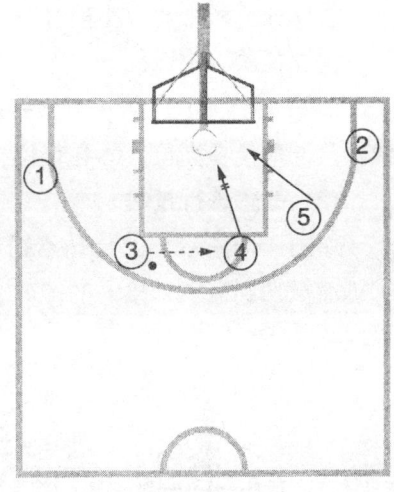

图 4-6-1　　　　　　　　　　图 4-6-2

(3) 战术解析

这次进攻是利用斯托亚科维奇和韦伯的内外线配合，最擅长策应的迪瓦茨在这个战术中的主要作用是掩护，使得斯托亚科维奇在连续两个掩护之后，获得充裕的进攻空间，很从容地与高位的韦伯进行短距离的传切战术配合。此战术能看出普林斯顿战术体系的精髓所在：高位始终有一名内线高大球员接应，以实现拉空防守内线、进行高位策应的战术意图。在高位，持球的内线高大队员既要能助攻队友，充当进攻的"第二"组织者；也要能在防守疏忽的时候，成为进攻的终结者。惟其如此，才能使有限的战术形式变化莫测、防不胜防。

战术 4：高位策应切入攻击的战术

(1) 场上阵容

①毕比（控球后卫）；　　　②克里斯蒂（攻击后卫）；

③斯托亚科维奇（小前锋）；④韦伯（大前锋）；

⑤迪瓦茨（中锋）。

如图 4-7 所示，②在弧顶外持球，③与①分别在两侧 45°三分线外，⑤落位在高位，④在低位，形成 1-3-1 进攻落位。

(2) 战术进行过程

如图 4-8 所示，②传球给罚球线附近的⑤，②横切给①掩护，①迅速横切到篮下，接⑤的传球上篮。

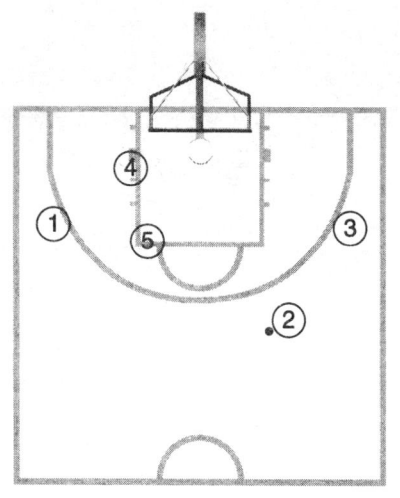

图 4-7　　　　　　　　　图 4-8

(3) 战术解析

第一，"最精妙的传球出于大个子的手里"的战术理念在本战术里体现的淋漓尽致：在高位的中锋迪瓦茨的传球视野与技术都非常出色。当他持球之后，吸引了防守的注意，使其他进攻队员的战术行动，获得了"自由"的环境。第二，两名移动速度最快的外线之间的前交叉掩护使防守人容易顾此失彼，稍有不慎，就会被两名

小个子找到切入内线的机会。第三，精准的外线攻击，使防守必须采用"逼迫现、扩大式"防守，这也为进攻方掩护、穿插、策应、传切等战术配合的实施，提供了环境和机遇。毕比是一名行动速率并不快的控球后卫，他在战术配合中能获得良好的空切上篮的机会。这就充分体现了普林斯顿战术能创造良好策应、空切攻击机会的强大效能。

战术5：高位策应外线远投的战术

(1) 场上阵容
①毕比（控球后卫）；　　②克里斯蒂（攻击后卫）；
③斯托亚科维奇（小前锋）；④韦伯（大前锋）；
⑤迪瓦茨（中锋）。

如图4-9所示，①在弧顶外持球，②在三分线外，④与⑤在高位，③在右侧底角三分线外，形成"不规则"落位阵型。

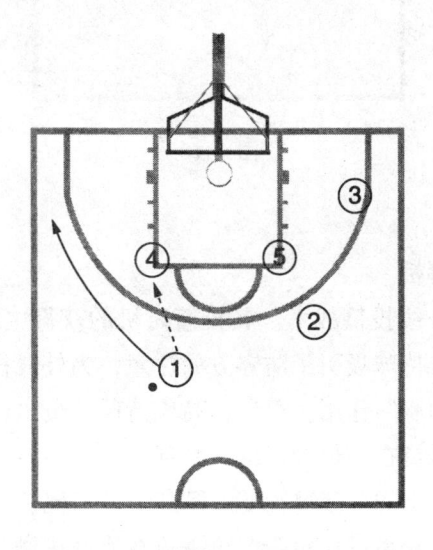

图4-9

(2) 战术进行过程

如图 4-10 所示，①首先传球给④；与此同时，②与⑤从不同的地点给③掩护，形成"双掩护"，③利用"双掩护"摆脱防守，快速移动到上线，④将球传出，②接球投篮。④和⑤到篮下拼抢篮板球，①和②则需要迅速回防。

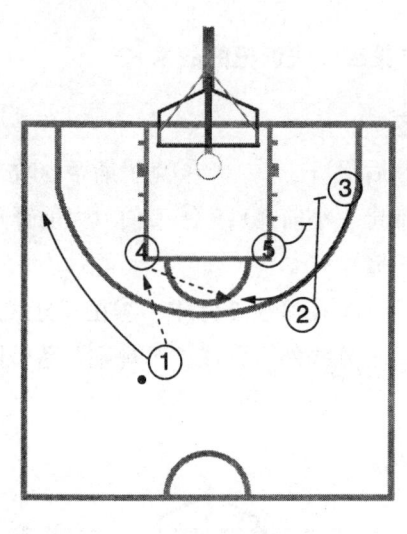

图 4-10

(3) 战术解析

这是一个外线投篮战术。其投篮时机的获得主要借助于三点：第一，高位队员持球吸引了防守方的注意，为外线投篮时机获得起到了重要的"牵制"作用。第二，高位持球队员出色的策应进攻能力。高大内线队员在高位的策应，恰到好处地传球给队友，使他能在摆脱防守的"瞬间"接球投篮。第三，"双掩护"能更好地帮助队友摆脱防守、获得进攻机会。这一点在篮球比赛对抗、争夺越加激烈的情况下尤为重要。

战术6：高位策应外线投篮的战术

(1) 场上阵容

①毕比（控球后卫）；　　　②克里斯蒂（攻击后卫）；
③斯托亚科维奇（小前锋）；④韦伯（大前锋）；
⑤迪瓦茨（中锋）。

如图4-11所示，①在外围持球，④在高位，②在左侧三分线外，③在右侧三分线外，⑤落在低位，形成1-3-1落位阵型。

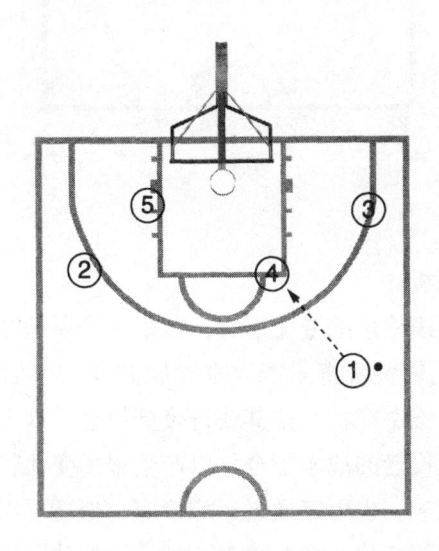

图4-11

(2) 战术进行过程

如图4-12所示，①传球给④，①迅速为③掩护，③利用掩护、摆脱防守提上弧顶，④通过运球再次给③掩护，然后传球给③投篮。

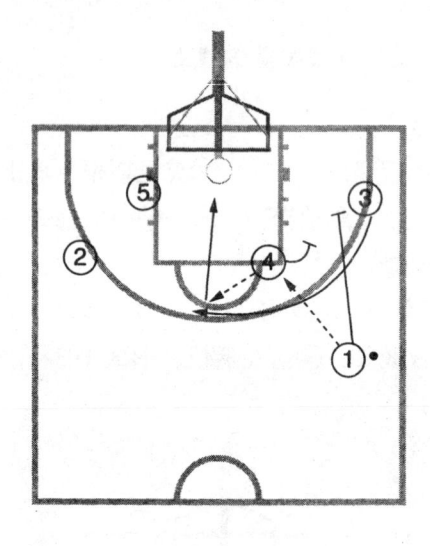

图 4-12

(3) 战术解析

这是一个外线战术的变化形式，在毕比给斯托贾科维奇进行无球掩护后，斯托贾科维奇未能完全摆脱防守，韦伯再一次借助运球，给斯托贾科维奇掩护，使其获得投篮机会。这个战例说明：第一，在高位策应投篮的战术配合可以产生很多变化，内线高大队员可以直接传球策应，也可以通过运球策应；他还可以增加直接攻击与策应助攻之间的变化。变化越多，越会增加防守判断的难度；使自己处于"治人"而非"治于人"的主动地位。第二，接球进攻的队友必须与持球策应队员形成战术默契，必须能够在移动的过程中，随时准备接球投篮。只有这样，才能使策应队员的假动作骗得了防守而不是队友，才能使"充满变化的简单战术配合"获得很高的进攻效益。

战术 7：高位策应的高位进攻战术

(1) 场上阵容

①毕比（控球后卫）；　　　　②克里斯蒂（攻击后卫）；
③斯托亚科维奇（小前锋）；　④韦伯（大前锋）；
⑤迪瓦茨（中锋）。

如图 4-13 所示，①在三分弧顶附近，②在左侧 45°三分线外持球，④在强侧高位，⑤在弱侧低位，③在弱侧的 0°附近落位，形成"不规则"落位阵型。

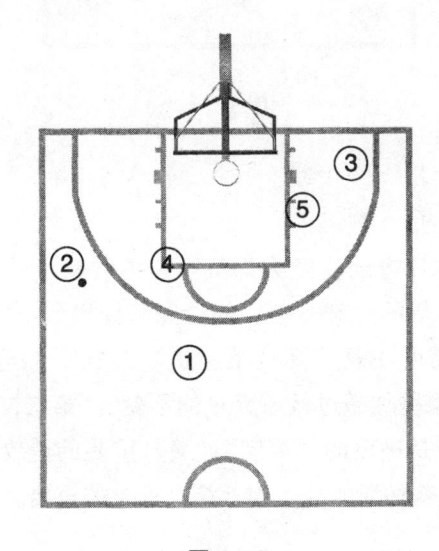

图 4-13

(2) 战术进行过程

如图 4-14 所示，②向底线运球突破，遇防守拦截，将球传给上线队友④，④接球投篮。与此同时，⑤给③掩护，为战术实施遇阻创造更多可变化的机会，⑤掩护后切到篮下抢篮板球。

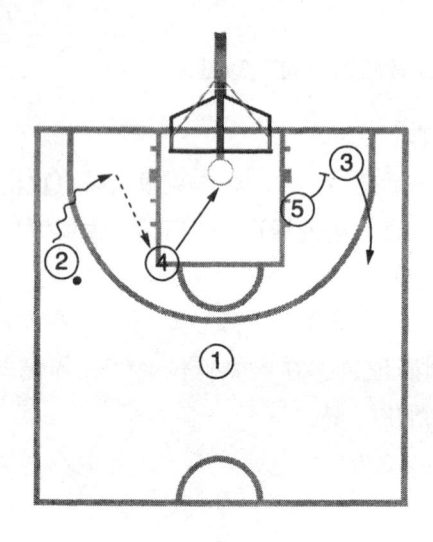

图 4-14

(3) 战术解析

第一，当防守方的注意力都集中在内线队员的高位策应之上时，两侧外线队员的运球突破，往往能起到出敌不意的进攻效果。是一种当对手高度注意"高位策应进攻方式"的应对转换方式。"简单转换的效果往往超过精密繁复的不变"。第二，身居高位的内线高大队员，既是进攻的"牵制"，又是重要的进攻点。适当的内线高位攻击，是普林斯顿战术内外结合理念的重要表现形式。

战术 8：高位挡拆突分远投的进攻战术

(1) 场上阵容

①毕比（控球后卫）；　　②克里斯蒂（攻击后卫）；
③斯托亚科维奇（小前锋）；④韦伯（大前锋）；
⑤迪瓦茨（中锋）。

如图 4-15 所示，①在外围持球，④与⑤落在高位，②与③在两侧 0°，形成 1-2-2 的进攻战术落位。

(2) 战术进行过程

如图 4-16 所示，借助④高位掩护，①迅速运球突破，同时⑤给②掩护，②提上弧顶三分线外，①运球突破遇防守方拦截时，将球传到外围的②投篮，⑤切到篮下抢篮板球，③迅速回防。

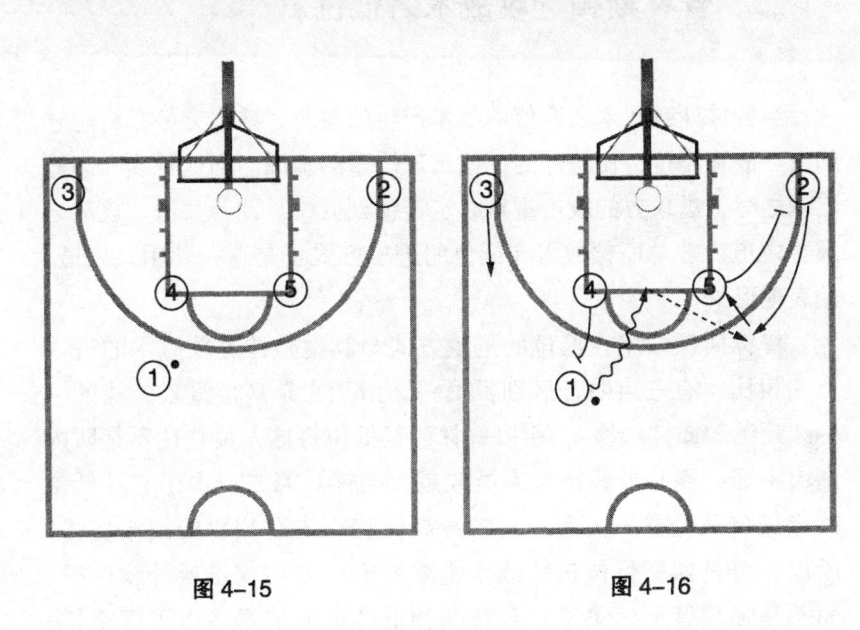

图 4-15　　　　　　　　图 4-16

(3) 战术解析

第一，在实战中，身居高位的内线队员也会遇到防守方严防，致使接球困难。此时，改高位策应为高位挡拆往往是一种灵活的变通方式。随着进攻方式的改变，由内向外策应助攻的方式也随之改变：由内线队员高位策应助攻改为外线队员运球突分助攻。第二，除策应助攻方式改变外，普林斯顿战术的其他运作程序"照旧"运行。当外线队员运球突破之时，另一个内线队员为另一侧外线队员

掩护，使之获得外线空位。第三，高位运球突破与另一侧无球掩护配合之间必须先后有序、形成默契。既在运球突破队员遇到防守拦截、预备分球时，另一侧外线队员刚好获得外线空位，可以接球投篮。两个配合融为一体，不留间隔。

二、普林斯顿进攻战术之低位篇

当普林斯顿战术在高位的战术产生效益时，防守方势必将防守的重点放在高位，使防守的低位出现严重的疏漏。当这种攻守态势出现之时，进攻方的攻击重点必定转移到低位。此乃兵法"攻敌之虚"之道。普林斯顿战术在低位的进攻方式正是这种"用兵之道"的表现形式。

普林斯顿战术在低位的进攻方式与其他整体进攻战术的进攻方式相比，有三点明显区别：第一，由于它是高位进攻方式的一种"延续"或"转换"，所以普林斯顿低位持球人员往往不是队内高大中锋，而是外线进攻人员或是大前锋。第二，由于它在低位持球进攻队员并不占有绝对的身高优势却占有相对的技术优势，所以，普林斯顿低位进攻战术主要是策应空切攻击或外线远投，而不是强攻篮下。第三，普林斯顿低位进攻战术多以策应空切、反跑攻击的形式实现它的进攻价值。这一特点使其保持和发展了普林斯顿战术最本质的特点。普林斯顿低位进攻战术可以随时随地在球场的任意一侧发动。这一点反映了普林斯顿战术"自由性、开放式"的性格特征。

战术 1： UCLA 切入落低位攻击的战术

(1) 场上阵容
①毕比（控球后卫）； ②克里斯蒂（攻击后卫）；

第四章　普林斯顿进攻战术

③斯托亚科维奇（小前锋）；　④韦伯（大前锋）；
⑤迪瓦茨（中锋）。

(2) 战术进行过程

如图 4-17 所示，持球者①传球给边路的②，然后①利用⑤的高位掩护切入，②看准时机把球传给切入的①，使①在篮下处于持球攻击状态。

如图 4-18，当①在低位形成一对一单打的状况时，他可选择直接进攻或者传球至外围③、④或者⑤投篮得分。

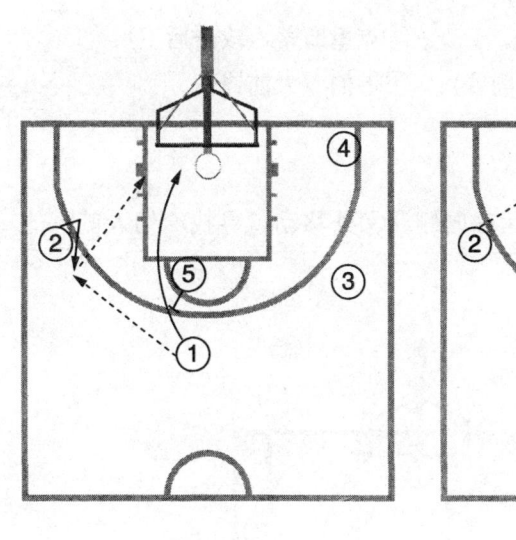

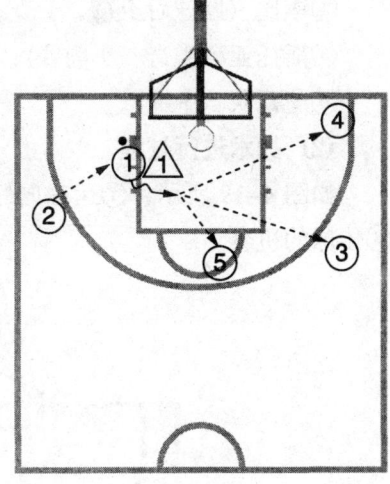

图 4-17　　　　　　　　图 4-18

(3) 战术解析

UCLA 切入是美国大学篮球曾经盛行一时的打法，同样也是借助内线高大队员在高位"牵制"而演变出的一种变化，内线队员的作用主要是掩护、牵制和转移球，并且更侧重于利用外线队员的技术优势进行低位的进攻。UCLA 切入出现在普林斯顿进攻体系中，主要作为后卫进攻的一个选择出现，作为辅助的战术变化使用，它

的主要威胁在于：第一，中锋成为掩护和牵制的"引领"，转移了进攻重点，"引领"和造成防守的重点出现"方向性"错误。第二，后卫在内线接球进攻，"外线内打"使进攻方获得篮下"相对技术优势"，使这一进攻战术可以产生多种变化。既可以"小个子"进行篮下强攻，又可以从低位策应外线多点远投。从而实现从一个简单战术产生多种变化，使防守"防不胜防"。

战术2：运球追逐切入——强侧前锋落低位

(1) 场上阵容

①毕比（控球后卫）；　　②克里斯蒂（攻击后卫）；
③斯托亚科维奇（小前锋）；④韦伯（大前锋）；
⑤迪瓦茨（中锋）。

(2) 战术进行过程

如图4-19所示，①运球向侧翼④处移动，寻找给切入篮下的④传球的机会。

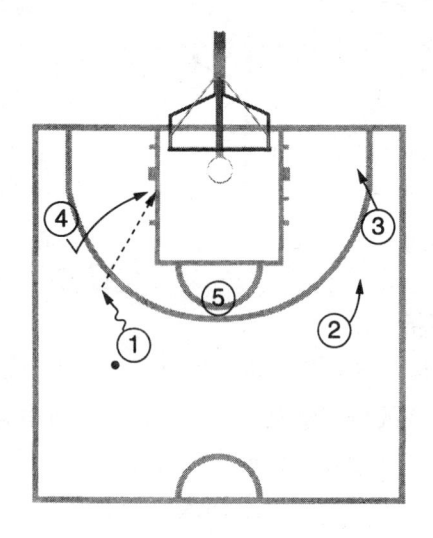

图4-19

如图 4-20 所示，如果侧翼球员④没有空切的机会，①传球给④做低位单打。④可选择直接进攻或传球至外围③、②或者⑤投篮得分。

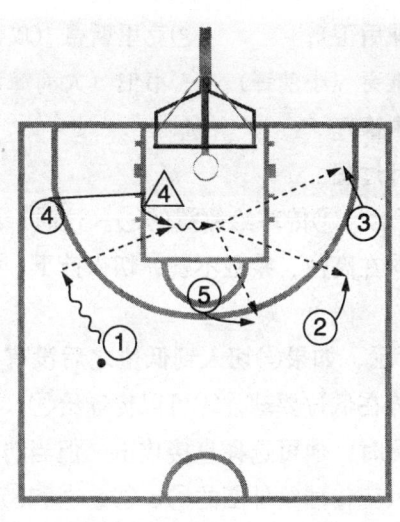

图 4-20

(3) 战术解析

当侧翼的进攻球员被严密防守难以在有效区域内接到球，可以直接向内线切入，从而直接攻击篮下或者在低位要位接球进攻。这是一个典型的"简单的形式充满复杂变化"的战术。第一，运球者和接球人之间必须具有默契。只有存在"心理感应"，运球者才能在接球人反跑时，做到"人到球到"，"恰到好处"到打出"反跑"配合。第二，从战术进行过程中可以看到：这个简单的配合对队员的战术素养和技术内涵要求很高，特别是对大前锋的技战术要求尤其高。战术要求他必须能做出"小个子"队员的技术动作——接球反跑。还必须做出中锋队员的技术动作——篮下强攻。同时还必须能够在对手采用篮下包夹时，进行策应助攻。这说明：只有具有高超的技术，才能使简单的战术产生强大的功效。

战术3：高位切入——高位中锋落低位

(1) 场上阵容

①毕比（控球后卫）；　　　②克里斯蒂（攻击后卫）；
③斯托亚科维奇（小前锋）；④韦伯（大前锋）；
⑤迪瓦茨（中锋）。

(2) 战术进行过程

如图4-21所示，①传球给侧翼的④。这时，防守的主要注意力集中在侧翼。⑤在高位，乘敌不备，切入篮下，④可以传球给⑤攻击内线。

如图4-22所示，如果⑤切入到低位之后没有在移动的过程中接到球，则⑤顺势在低位要球，④可以传球给⑤。当⑤在低位形成一对一单打的状况时，他可选择直接攻击。但当防守方对⑤采用包夹时，⑤则可以策应传球给外围的①、③、②和④投篮。进行低位策应远投的进攻战术打法。

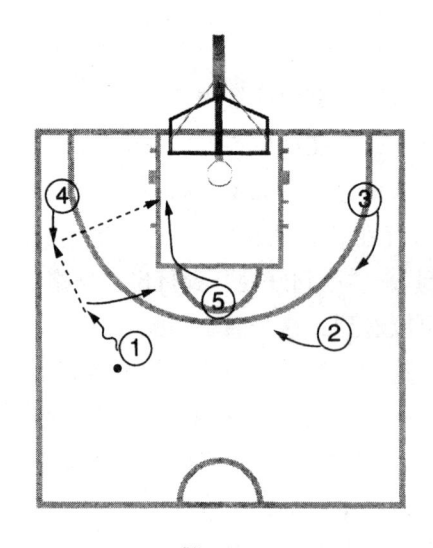

图4-21 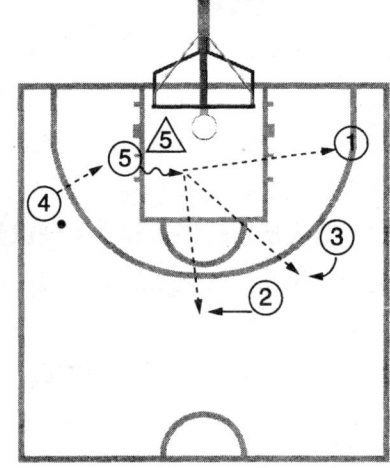　　　　　　　　　　图4-22

(3) 战术解析

第一，在普林斯顿战术体系中，中锋低位单打并不是进攻的首要选择，但当中锋在低位出现"以强对弱"攻守对峙状态时，拥有丰富技术内涵的高大中锋可以把篮下强攻作为一种"辅助攻击手段"，可以创造"攻敌不备"的攻击效率。第二，这种中锋低位进攻方式还能起到重要的"战略牵制作用"。亦即，当中锋在低位"以强对弱"时，对手不包夹，则进行篮下强攻；当对手包夹时，则乘防守外线空虚，把球传到外线，进行远投攻击。这种在整体进攻战术打法中不多见的"辅助攻击手段"，可以使防守方在集中防守高位时心有余悸，怕低位出现强有力的攻击。而能使防守方产生瞻前顾后、心有余悸心态的正是低位进攻这种进攻方式的"战略牵制作用"。

战术 4：中锋重返高位的进攻战术

(1) 场上阵容

①毕比（控球后卫）；　　②克里斯蒂（攻击后卫）；

③斯托亚科维奇（小前锋）；　④韦伯（大前锋）；

⑤迪瓦茨（中锋）。

(2) 战术进行过程

如图 4-23 所示，当球传到低位后，如果⑤传球给外线球员①，而①遇到防守队员快速回防，没有投篮出手的机会。这时，⑤应快速回到高位。①传球给②，②传球给已经回到高位的⑤。⑤接球的同时，③和④都可以伺机空切到篮下攻击。

这个战术还有很多变化。如图 4-24 所示，当球在低位⑤手中时，⑤遇到防守包夹，⑤想传球给①，一旦①的防守者抢前防守不让①接球时，①应乘机向篮下反跑，进行空切攻击。这是低位策应结合空切的典型进攻方式。

如图 4-25 所示，如果⑤难以传球给空切的①，则应传给移动

159

过来接应的②。②传球给③后利用上提至高位的⑤的掩护切向弱侧，③阅读防守后可传给②。②往往会得到良好的攻击机会。

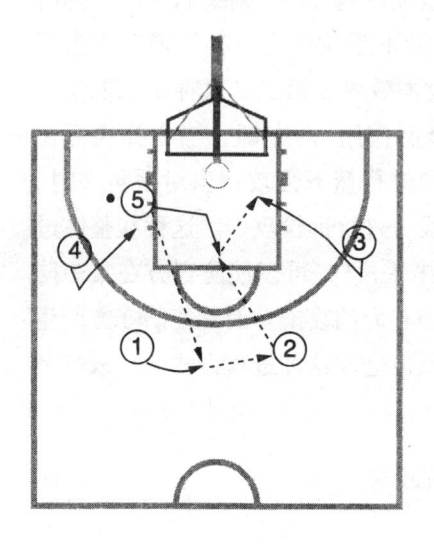

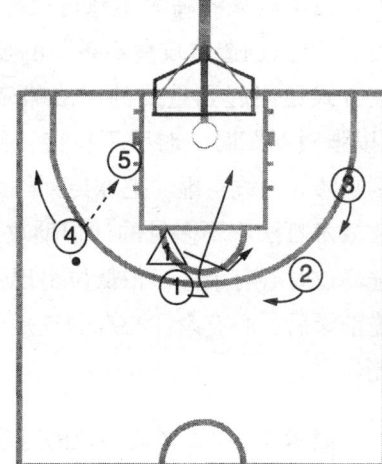

图 4-23

图 4-24

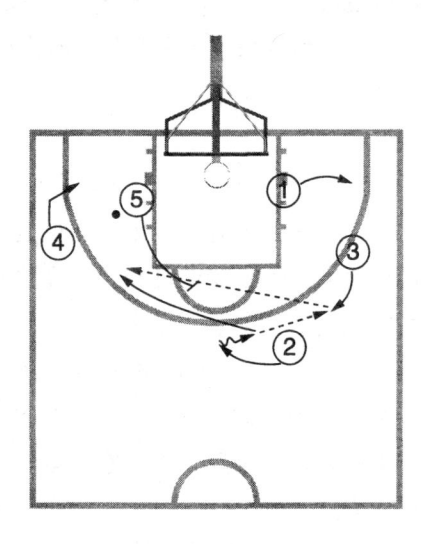

图 4-25

(3) 战术解析

中锋重返高位的进攻战术实质上是实战中攻守双方"制约"与"反制约"斗智斗勇的表现形式。当进攻方高位进攻方式发生作用时，势必导致防守方把防守重点放在高位，以图"制约"进攻方的攻击行动。一旦这种情况出现，进攻方则必须把进攻重点转移到低位，"反制约"防守方的"制约"行动。而在这种斗智斗勇的过程中，表现出普林斯顿战术的重要特点：第一，普林斯顿战术具有"随机应变"的品质。高大中锋策应攻击的位置也可以随机而动。高大中锋策应攻击的位置可以根据防守方关注的转移而乘虚而动。这种使进攻重点灵活、机动转移的品质，正是普林斯顿战术自由的性格特征。第二，普林斯顿战术的主要表现形式是高大中锋"居中"策应与远投、空切、反跑等战术配合相结合。随着"居中"策应位置的转移，策应与远投、空切、反跑结合的位置也随之转移。但万变不离其宗，普林斯顿战术策应与远投、空切、反跑相结合的本质特征不变。所变的是两者结合发生的地点以及策应与远投、空切、反跑三种配合结合的比重会发生明显的变化。

战术 5：普林斯顿战术破绕前防守的进攻方式

(1) 场上阵容

①毕比（控球后卫）； ②克里斯蒂（攻击后卫）；
③斯托亚科维奇（小前锋）； ④韦伯（大前锋）；
⑤迪瓦茨（中锋）。

(2) 战术进行过程

如图 4-26 所示，当低位球员⑤被绕前防守时，④应该迅速传球给①，在①传给②的同时，⑤上提至罚球线附近接②的传球，再传给③或④进攻。

破解这种防守还有几种变化：强侧后卫空切。如图4-27所示，当①的防守者阻断了传球路线时，①可以选择直接空切攻击。

如图4-28所示，若④难以传球给①时，他应继续运球然后把球交给②，同时低位的⑤上提为④做一个后掩护，②阅读防守后可选择传给④或者⑤。这种弱侧掩护配合进攻的方式，往往起到"攻敌之虚"的进攻效果，对于弱侧协防差的防守体系时是相当有效的。

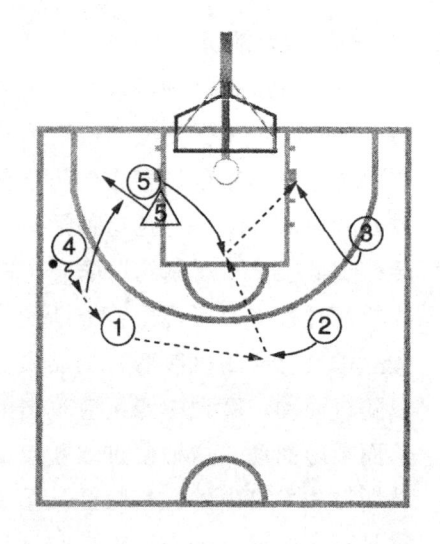

图 4-26

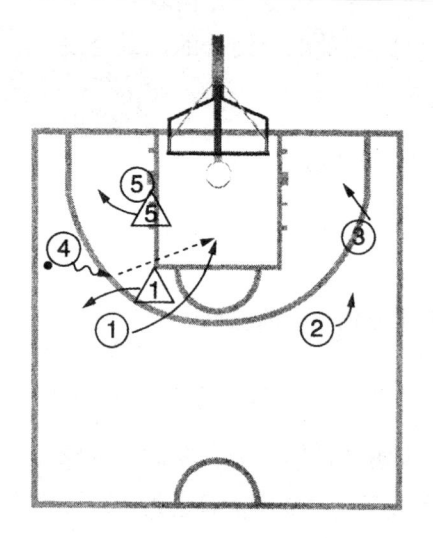

图 4-27

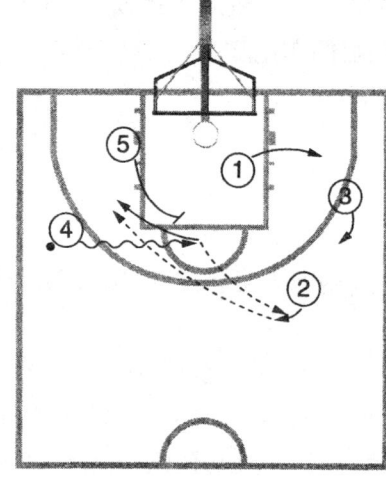

图 4-28

(3) 战术解析

普林斯顿战术空切与反跑两种进攻方式是破绕前防守最有利的"武器"。所以，在一般情况下，防守方不采取绕前防守的方式对付普林斯顿战术。但是，在特殊情况下，绕前防守对普林斯顿战术具有特殊意义：即用绕前防守方式阻滞普林斯顿战术的策应中枢接球。一旦普林斯顿战术中枢接不到球，则普林斯顿整体战术无法正常运转；并由此丧失进攻效率。因此，普林斯顿战术对付对手破坏自己策应中枢接球的企图，必须具有强有力的应对手段。这种"强有力应对手段"的本质特征是：第一，无论内线、外线，每一个持球点，都具有"策应中枢"的功能。只有这样，才能无论在内线、外线，只要防守方对一个进攻点实施"绕前防守"，进攻方就可以发动"持球策应中枢"与"被绕前防守人"之间的空切、反跑战术配合。第二，实施"破绕前防守"战术，要求每一个战术执行人都必须能够既能持球策应、又能接球攻击；惟其如此，才能真正使整体进攻体系中的每一个进攻点，既能策应、又能攻击，使防守方割不断进攻方的策应中枢。因为，普林斯顿战术的策应中枢也具有"自由、机动"的性格特征。

三、普林斯顿进攻战术之反跑、空切篇

空切、反跑战术配合是构成普林斯顿战术的两大进攻要素之一。从普林斯顿整体进攻方式上看：没有远投攻击，则无法实施普林斯顿战术"由内向外"的外线攻击；没有空切、反跑战术配合，则无法进行普林斯顿战术"由外向内"的移动内线攻击。进攻体系中的每一个要素都可以在防守要点上"居中策应"（往往以高位为主），其余各进攻点乘敌之虚、攻其不备，合理地实施空

切、反跑与远投战术，内外结合，则可以使普林斯顿战术产生强大的进攻效率。

战术1：高位策应——反跑战术

(1) 场上阵容

①毕比（控球后卫）；　　②克里斯蒂（攻击后卫）；
③斯托亚科维奇（小前锋）；④韦伯（大前锋）；
⑤迪瓦茨（中锋）。

如图4-29所示，②持球于45°三分线，④与⑤分别站位在弧顶附近，①与③分别在两边底角，这样就形成了典型的普林斯顿战术体系的2-3落高位战术的阵型。

(2) 战术进行过程

如图4-30所示，②传球给④后马上反跑空切，④将球传出，②上篮。同时⑤从弱侧冲抢篮板球，①与③回防。

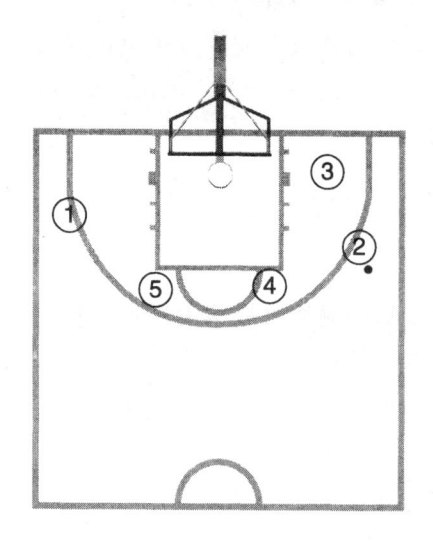

图4-29　　　　　　　　　图4-30

(3) 战术解析

外线进攻球员把球传给高位的队友后，空手移动到零度角给队友做无球掩护是普林斯顿进攻体系的基本套路。在这个战例中，得分后卫克里斯蒂去给斯托贾科维奇掩护时，很好的阅读了防守，利用速度将防守人摆脱，空切接球得分。简单的战术却可以取得很好的进攻效果，其原因在于：第一，进攻方远投的攻击使防守的关注集中在外线，并因此疏忽了对由外向内的移动性攻击。所以，简单的反跑、空切配合，恰恰攻击在防守的薄弱之处。第二，进攻战术执行人"阅读"比赛的能力，它包括：对攻守态势的准确判断和对防守薄弱、疏忽之处的敏感察觉，并能够采取及时、果断、合理的进攻行动。简单的反跑、空切战术配合之所以能取得很好的进攻效果，也在于进攻战术执行人"读懂"了比赛情势，并能够采取合理、果断的进攻战术行动。

战术2：高位策应反跑攻击战术

(1) 场上阵容

①毕比（控球后卫）；
②克里斯蒂（攻击后卫）；
③斯托亚科维奇（小前锋）；
④韦伯（大前锋）；
⑤迪瓦茨（中锋）。

如图4-31所示，①在45°三分线持球，②在底角三分线，③在弧顶外，④与⑤落在高位。形成1-3-1阵型。

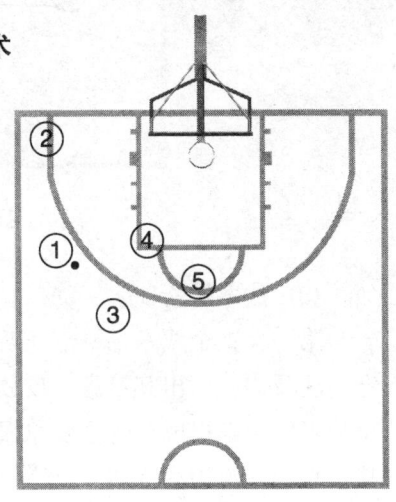

图4-31

(2) 战术进行过程

如图 4-32 所示，①传球给④，与此同时，⑤上前为③掩护，③迅速横切至三分线外，⑤掩护后乘防守不备反跑、空切，④妙传，⑤接球扣篮，此次战术主要是③的牵制将篮下拉空，⑤才得到扣篮的机会，②与③积极回防。

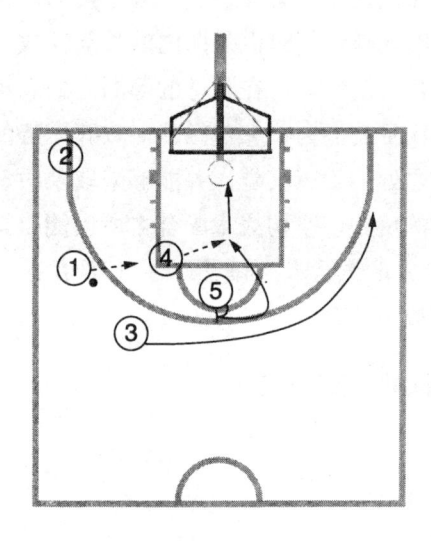

图 4-32

(3) 战术解析

第一，这个战术主要借助斯托贾科维奇远投的威慑，吸引了防守的注意力，"出其不意、攻敌不备"是不变的获胜之道。也是这个战术配合获得成功的主要原因。第二，两名内线进攻队员之间的战术默契。掩护后空切、反跑的战机瞬息即逝，如果当反跑、空切之人获得战机的瞬间传球不到位，则必定丧失瞬息即逝的良好战机。只有两人通过长期磨合，建立一种心理上的默契感应，才能在反跑之人在摆脱防守的瞬间，接到"恰到好处"的精妙传球，打出一次精妙的空切、反跑战术配合。

战术3：低位策应反跑攻击战术

(1) 场上阵容

①毕比（控球后卫）； ②克里斯蒂（攻击后卫）；
③斯托亚科维奇（小前锋）； ④韦伯（大前锋）；
⑤迪瓦茨（中锋）。

如图4-33所示，②持球与①分别在弧顶两侧，③与⑤分别在三分线位，④落在低位，这样形成了2-3战术阵型。

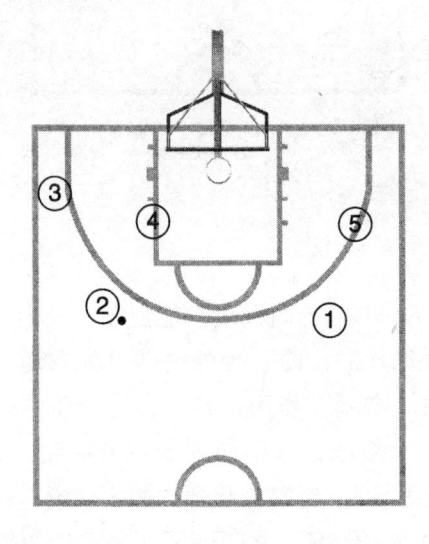

图4-33

(2) 战术进行过程

如图4-34所示，②传球给低位的④，④持球观察，②迅速纵切溜底线，弧顶的①利用反跑摆脱防守人空切到篮下接④的传球上篮，③迅速回防。

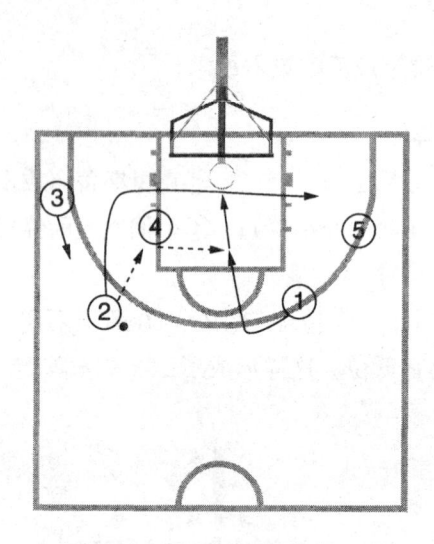

图 4-34

(3) 战术解析

第一，克里斯·韦伯的内线攻击能力非常突出，他在低位持球很容易吸引防守球员的协防，为外线队员的空切、反跑战术行动起到至关重要的"牵制"作用。第二，有威胁的内线队员在"防守的要害位置"上持球，吸引防守的主要关注，在这种情况下，持球队员"改攻为传"，更容易起到"避实就虚"的战术效果，更容易获得很高的进攻效率。这印证了"最精妙的传球是出于大个子的手里"这一普林斯顿战术信条的内在意蕴。第三，克里斯蒂先空切由于防守方的严防没能获得进攻时机，但为毕比"真正的攻击"起到了掩护的作用。而凭借这次"掩护"，引开了防守，使毕比"真正的攻击"获得成功。这种情况正符合兵法"声东击西"之道。

战术 4：低位策应空切进攻战术

(1) 场上阵容
①毕比（控球后卫）； ②克里斯蒂（攻击后卫）；
③斯托亚科维奇（小前锋）； ④韦伯（大前锋）；
⑤迪瓦茨（中锋）。

如图 4-35 所示，①在 45°三分线持球，③在弧顶三分线外，②在左侧三分线外，形成 1-3-1 阵型。

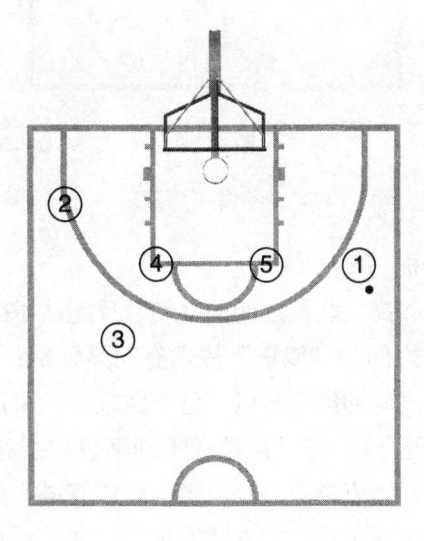

图 4-35

(2) 战术进行过程

如图 4-36 所示，①传球给高位的⑤，⑤向底线运球突破吸引防守，④适时提上弧顶反跑空切到篮下，接⑤的传球上篮，①与②切入篮下，③向左侧移动准备退防。

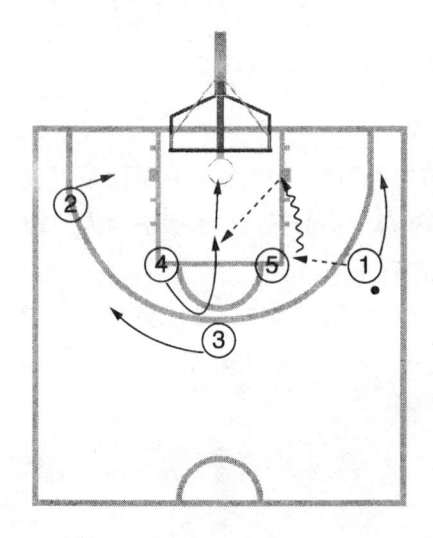

图 4-36

(3) 战术解析

这是两个内线高大队员之间的空切、反跑战术配合。普林斯顿战术中内线队员之间与"双塔"战术有明显区别：第一，"双塔"战术的内线队员之间的配合多以"篮下强攻"结束进攻过程（比如"高低位"战术配合）；普林斯顿战术则多以内线移动性进攻（空切、反跑等配合）结束进攻过程。第二，"双塔"战术内线队员之间的配合多以固定战术设计的方式实现。比如："高低位"战术配合。普林斯顿战术则更为机动、灵活，它可以是高低位的形式，也可以在内线的任何一点，由一名内线高大队员持球策应，而另一名内线高大队员空切、反跑的灵活进攻形式得以实现。由此可知，普林斯顿战术两名高大内线队员之间的空切、反跑配合，只是普林斯顿空切、反跑战术中的一种特殊形式。

战术 5：高位挡拆空切进攻战术

(1) 场上阵容

①毕比（控球后卫）；　　②克里斯蒂（攻击后卫）；
③斯托亚科维奇（小前锋）；④韦伯（大前锋）；
⑤迪瓦茨（中锋）。

如图 4-37 所示，①持球在弧顶，⑤、③在高位，④落在低位，②在右侧底角三分线外，中锋在无球一侧形成 1-2-2 进攻阵型。

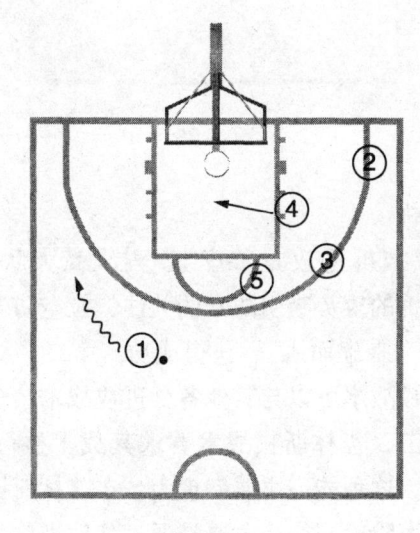

图 4-37

(2) 战术进行过程

在①的快速运球中，⑤上前掩护后切入篮下，③在外线寻找机会，篮下的④已经占据有利位置，①将球吊出，④扣篮。

NBA 经典进攻战术解析

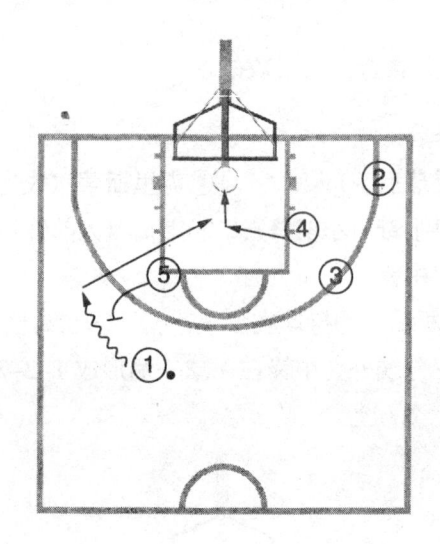

图 4-38

(3) 战术解析

第一，高位挡拆进攻是"虚"，内线高大队员空切攻击是"实"，以高位挡拆的攻势吸引防守的关注，拉空防守内线区域，使内线队员的空切"乘虚而入"、获得成功。第二，从这一战例中可以看到：普林斯顿战术可以与其他各种进攻战术结合，形成更强大的攻击力。第三，普林斯顿战术要求其战术执行人具有很强的"移动进攻能力"，这种能力主要表现为：在普林斯顿战术与任何战术结合的战术结束阶段，往往主要是通过移动进攻方式完成，以此充分发挥普林斯顿战术体系各要素的技术优势。

战术 6：反复传球后的空切反跑进攻战术

(1) 场上阵容

①毕比（控球后卫）；　　②克里斯蒂（攻击后卫）；
③斯托亚科维奇（小前锋）；④韦伯（大前锋）；
⑤迪瓦茨（中锋）。

第四章 普林斯顿进攻战术

如图 4-39 所示，①持球在三分线外，⑤在弧顶，②与③分别在两侧的底角，④在罚球线上。这样形成了高落位的 2-3 阵型。

(2) 战术进行过程

如图 4-40 所示：①传球给⑤，⑤迅速传球给无人防守的②，同时④利用反跑切入篮下，②传出球，④扣篮。如果④进攻受阻，可以将球传给③。

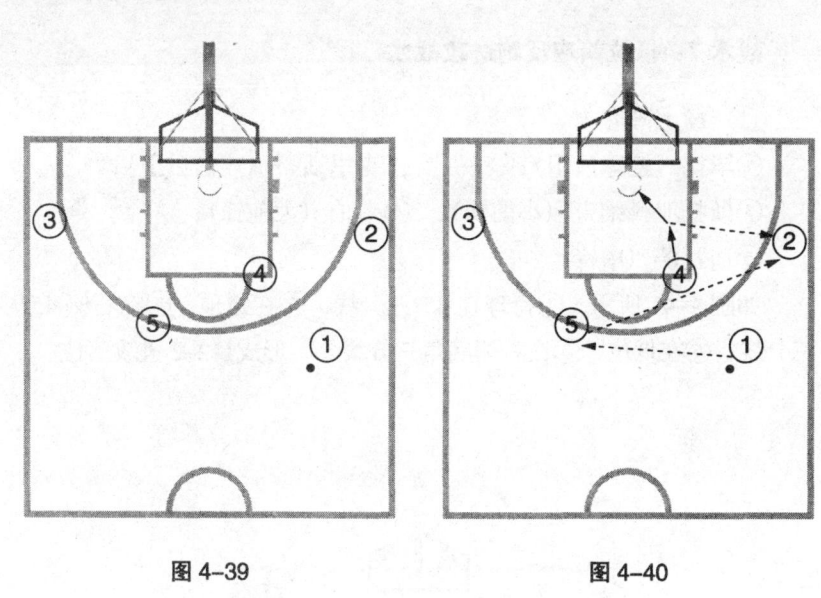

图 4-39   图 4-40

(3) 战术解析

第一，让高位的策应球员接球是普林斯顿进攻的开始，⑤通过策应传球来帮助外线队员形成外线远投威胁。迫使防守方拉大防守区域，使内线进攻队员出现攻击机遇。第二，无论采取哪一种进攻战术，都表现遵循"乘敌之虚、攻其不备"的进攻规律。当球在内线高点时，防守方外线防守是"虚"；而当球转移到外线时，随防守区域扩大，内线防守是"虚"；进攻方反复传球，旨在拉动防守，使其在不断的扩大和缩小的过程中,出现无法弥补的漏洞,从而果断出击,一击致命。第三,在这次进攻中,⑤是组织进攻者,利用传球盘活了这次的进攻,给篮下创造了空当。这种高位策应的作用即是"第二次组织"。普林斯顿战术的功能是否能够发挥,往往取决于其是否具有一个善于进行"第二次组织"的高大内线队员和能否传出"精妙的策应助攻"。

战术 7:低位策应反跑进攻战术

(1) 场上阵容

①毕比(控球后卫); ②克里斯蒂(攻击后卫);
③斯托亚科维奇(小前锋); ④韦伯(大前锋);
⑤迪瓦茨(中锋)。

如图 4–41 所示,①持球在 45°三分线,②在弧顶,④在右侧 45°三分线,⑤在低位,③在右侧底角三分线外,形成 1-2-2 进攻落位。

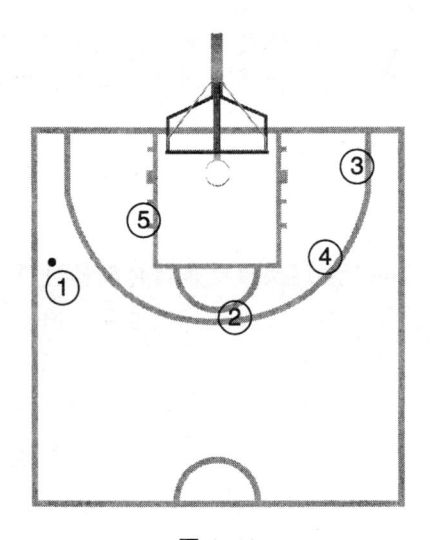

图 4–41

第四章　普林斯顿进攻战术

(2) 战术进行过程

如图 4-42 所示，①传球给低位的⑤，②向相反方向的底角切入，这时④向弧顶空当处移动，③取代④的位置，④通过反跑纵切到篮下，⑤传球，④扣篮得分，③迅速回防。

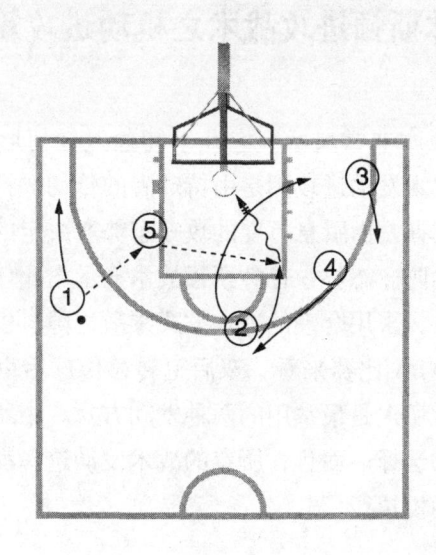

图 4-42

(3) 战术解析

这个战例反映出：第一，成功的战术必须层次清楚、职能明确。第一个切入的②由于防守方的紧密跟防并没有获得很好的接球机会，但它起到了战术"掩护"作用，使防守方放松了对第二次空切、反跑的"注意"。这是战术的第一层次。然后，战术的第二层次迅速进行：身处低位的迪瓦茨并没有选择立即个人进攻，而是继续寻找第二个反跑切入的队友，韦伯在阅读防守后迅速移动找到了内线的空当，接球扣篮得分。第一层虽未取得功效，但它起到了掩护第二层次的战术作用。第二层次与前一层次紧密链接，充分利

用前一层次的掩护作用，乘敌之隙、果断攻击，获得很好的进攻效果。第二，内线高大队员之间的战术默契和内线高大队员的强有力的策应助攻能力。

四、普林斯顿进攻战术之机动进攻篇

普林斯顿战术非常灵活，它几乎能通过任何形式进行战术发动。采取什么战术发动进攻则是由持球者的传切选择所决定的，而持球者传切的选择是由瞬息万变的攻守态势所决定的。面对各种形式和充满变化的防守态势，普林斯顿战术显示出比任何进攻战术都灵活的机动品质，采用合理的进攻方式乘敌之隙、机动对阵。从最近几个赛季的 NBA 比赛来看，双后卫转移传球后由高位切入和高位掩护后 UCLA 切入是最常用的两种发动方式。中路掩护发动也成为了比较流行的选择。而且，所有的战术发动选择都可以在有球侧和无球侧两侧随机执行。

战术 1：后卫从弱侧切入

(1) 场上阵容
①毕比（控球后卫）；　　②克里斯蒂（攻击后卫）；
③斯托亚科维奇（小前锋）；④韦伯（大前锋）；
⑤迪瓦茨（中锋）。

(2) 战术进行过程

如图 4-43 所示，持球者①传球给②，②传给侧翼的④后向篮下切入，如果没有接到传球，就到弱侧的底角落位。与此同时，⑤上提高位，为①做无球掩护，①利用高位⑤的掩护空切入篮下，接④传球进行攻击。

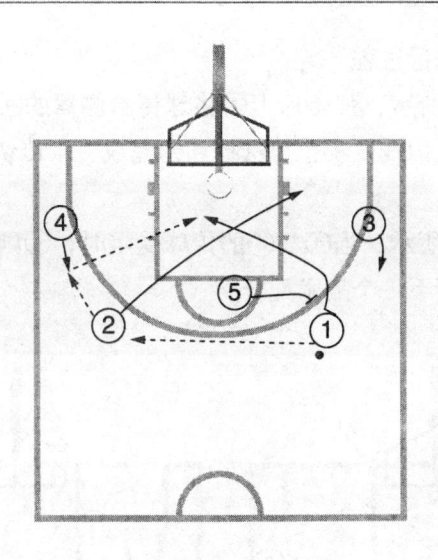

图 4-43

(3) 战术解析

第一，②的空切行动未能产生直接的进攻效益，但起到了重要的"掩护"作用，这是进攻战术的第一层次；⑤上提高位的掩护行动，承上启下，使①的空切行动与上一次空切既不重复又紧密链接；两次空切行动错落有致，层次清楚。精巧而自然的战术结构设计（这种设计自然形成而非"人工设计"），必然产生高效率的进攻。第二，两次空切行动，从不同的两侧先后发动，强侧空切发动在先，佯攻诱敌；弱侧空切紧接其后，机动地进行实质性攻击。避实就虚、从容应对，充分显示了普林斯顿战术的机动性。

战术 2：UCLA 切入——强侧后卫切入攻击的战术

(1) 场上阵容

①毕比（控球后卫）； ②克里斯蒂（攻击后卫）；
③斯托亚科维奇（小前锋）； ④韦伯（大前锋）；
⑤迪瓦茨（中锋）。

(2) 战术进行过程

如图 4-44 所示，强侧后卫①将球传给侧翼的④，随后借助⑤的高位掩护切入内线。①也可选择和④完成一个传切配合直接进行攻击。

如图 4-45 所示，当④与①的传球受阻时，④则回传给⑤展开侧翼换位后进行下一个战术配合。

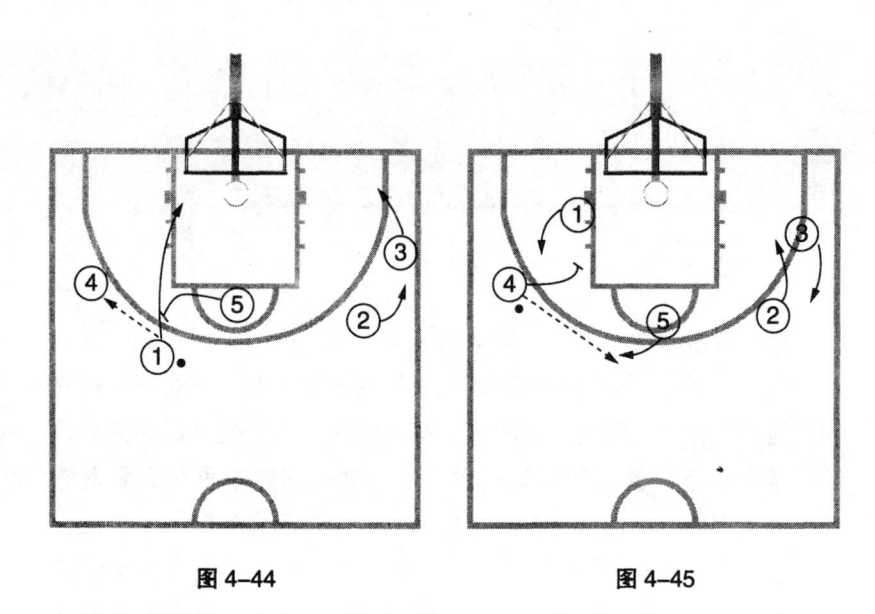

图 4-44

图 4-45

(3) 战术解析

第一，在这个战术的完整的进行过程中，可以清楚地看到战术配合之间转换的灵活性。当一个战术配合未收到预想的进攻效果，马上自如地转入第二个战术配合，由此形成进攻绩效的积累，直至最终获得进攻时机。与此同时，防守方在进攻变阵中，逐渐加大防守疏漏，直至最终无法弥补防守漏洞。在 24 秒的进攻时间内，进攻方是否能获得良好的进攻时机，很大程度上取决于战术配合之间的转换是否灵活与战术配合之间的转换是否合理，亦即整体战术的

机动性功能。普林斯顿战术机动性强的品质，可以从这一战例中清楚地看到。第二，任何战术都是围绕具有强大攻击力队员的技术发挥设计的。从这一战例中可以看到：第一个战术配合围绕毕比的空切攻击而设计，第二个战术配合围绕韦伯的内线攻击技术而设计。由此可知，战术是发挥技术的方式，技术是战术设计的基础。普林斯顿战术则更强调利于队员自由地发挥技术。

战术 3：中路掩护切入

(1) 场上阵容

①毕比（控球后卫）；　　　②克里斯蒂（攻击后卫）；
③斯托亚科维奇（小前锋）；④韦伯（大前锋）；
⑤迪瓦茨（中锋）。

(2) 战术进行过程

如图 4-46 所示，②首先从弧顶纵插到另一侧底角落位。然后，持球者①借助⑤的高位掩护横向运球摆脱防守者。此时他有两个选

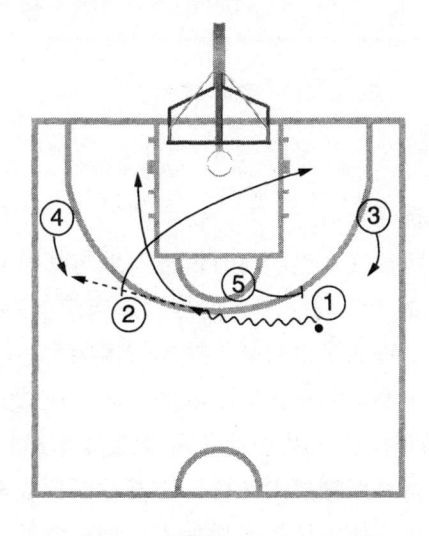

图 4-46

择：直接运球切入攻击，或者传球给侧翼的④，随后空切，接④的回传球上篮。

如图4-47所示，防守方若隔断④与①的传球路线，则④回传球给⑤，然后，再与①展开侧翼换位，①接⑤的高位策应远投攻击。

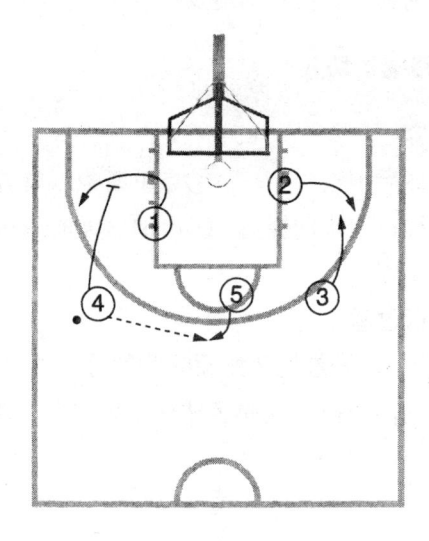

图4-47

(3) 战术解析

第一，普林斯顿战术也"与时俱进"地与其他战术结合，以加强普林斯顿战术的进攻功能。高位挡拆是当前NBA比赛中的主流战术配合，普林斯顿战术也与高位挡拆战术融为一体。在这个战术中，高位挡拆的主要目的是让球更好的运转，让球安全地在前锋和高位中锋之间顺利传递，从而使普林斯顿战术运转更加自如。第二，高位挡拆与普林斯顿战术结合，使普林斯顿战术的机动性得到加强。高位挡拆攻击使主体战术增加了一种有效的攻击方式，并使

第四章　普林斯顿进攻战术

普林斯顿战术策应方式更加机动、灵活，同时使外线投篮点能获得更好的投篮时机。

战术 4：拉链式切入

(1) 场上阵容

①毕比（控球后卫）；　　②克里斯蒂（攻击后卫）；
③斯托亚科维奇（小前锋）；④韦伯（大前锋）；
⑤迪瓦茨（中锋）。

(2) 战术进行过程

如图 4-48 所示，①将球运至侧翼，同时⑤往下线走为④做一个后掩护。①观察防守后选择把球交给跑出空当的④或者防守换人后被错位防守的⑤。

如图 4-49 所示，如果④的防守队员使用挤过破坏了⑤的掩护并隔断了传球路线，④应立刻背向切入篮下，接①的传球进行攻击。

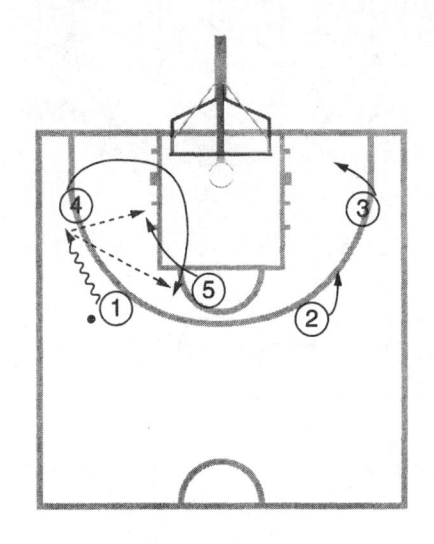

图 4-48 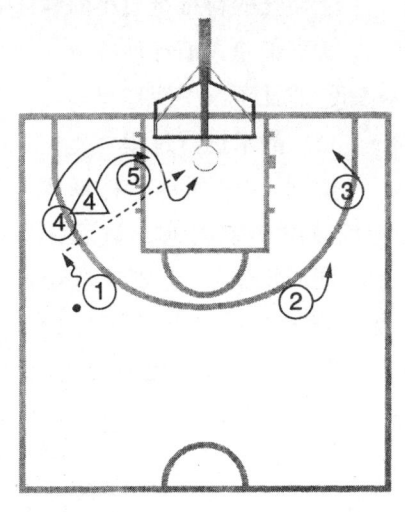　　　　　　　　　图 4-49

(3) 战术解析

第一，"拉链式"切入，在战术效果上，可以解开"低位难以接球"的难题。球在外线进攻球员手中，内线队员不断地移动、换位，是普林斯顿进攻战术之所以能够灵活、机动的内在原因。因为随着球的转移，不仅防守方会疲于奔命，而且传球和突破的空间角度会变化很快，甚至会出现防守"错位"的现象，而一旦防守方出现明显的错误，则会出现良好的进攻时机。第二，移动、换位等"无球配合"往往出现在即将出现进攻时机的位置。唯有如此，才能显示出"灵活、机动"品质与战术效果之间的内在联系，并在执行战术过程中积极、主动地表现出来。

战术 5：高位策应切入

(1) 场上阵容

①毕比（控球后卫）；
②克里斯蒂（攻击后卫）；
③斯托亚科维奇（小前锋）；
④韦伯（大前锋）；
⑤迪瓦茨（中锋）。

(2) 战术进行过程

如图 4-50 所示，持球者①传球给高位的⑤，然后①和②同时向篮下切入，⑤根据防守的状况，策应传球给摆脱防守的队友，助其攻击。

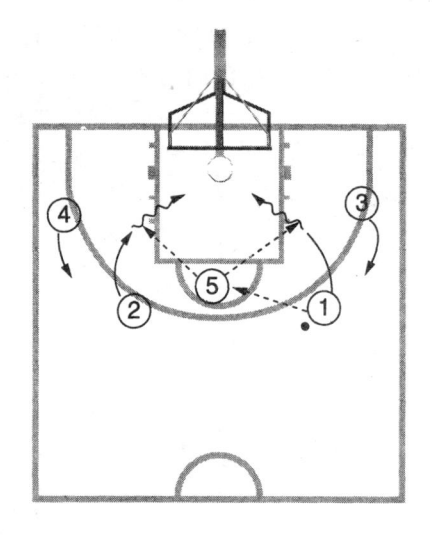

图 4-50

如图 4-51 所示，如果没有空切机会，①和②可在限制区里交叉换位后利用③和④在下线的掩护跑出空当。接⑤策应传球进行外线远投攻击。

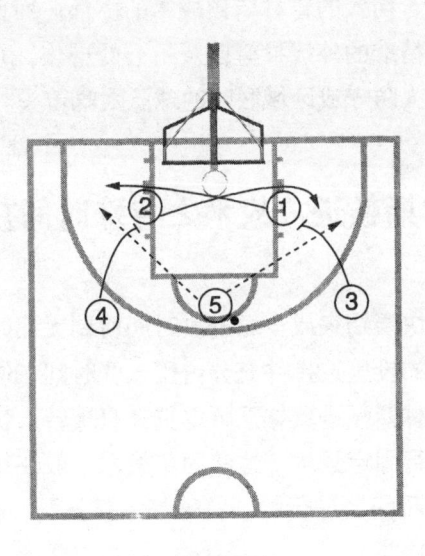

图 4-51

(3) 战术解析

第一，这种移动非常好地利用了内线球员移动到外线所创造的内线空间，而两名掩护者的掩护不同于普通 NBA 球队的定位掩护，这种掩护的效果更好，有利于两名后卫借助掩护接球。第二，两名后卫同时移动穿插，高位策应人可以根据他们摆脱防守"追防"的情况和他们在进攻中技术发挥的状况，传球给最有把握取得进攻效率的后卫，实现可期待的攻击效率。

通过以上战例的分析，可以看出：普林斯顿进攻战术对于任何类型的防守系统都是有效的。而这一点，正反映了普林斯顿战术具有灵活、机动的特征。大部分对手的防守计划包括建立有侵略性的

防守、扩大防守范围和压力以及扰乱或加快比赛节奏等防守形式。在普林斯顿战术面前都显得捉襟见肘、漏洞百出。这是因为由于普林斯顿战术的中路区域是完全空旷的，对手这些赛前防守策略往往正中侧重于反跑、切入的普林斯顿战术的下怀。而普林斯顿战术真正可怕之处在于精准的外线投篮以及耐心的进攻，它也会让那些选择用松散的人盯人防守或区域联防的球队大吃苦头。

五、普林斯顿进攻战术之特殊时间打法篇

当一节比赛快要结束或全场进攻时间所剩无几时，为避免进行仓促的、不合理的投篮选择并充分占用比赛时间，使对手没有时间再进行反击。普林斯顿进攻体系可以选择直接转入快速攻击战术或控制比赛时间执行固定战术。这些固定战术一般在暂停后发动，而这种在"特殊的时间"进行的"特殊战术打法"，是普林斯顿战术的"特殊"进攻功能。

战术1：高位交叉切入攻击战术

(1) 场上阵容
①毕比（控球后卫）；　　②克里斯蒂（攻击后卫）；
③斯托亚科维奇（小前锋）；④韦伯（大前锋）；
⑤迪瓦茨（中锋）。

(2) 战术进行过程

如图4-52所示，组织后卫①传球交给⑤，随后利用⑤的高位掩护切入篮下。②在高位和①完成一个前交叉换位后从另一侧切入。⑤观察防守后选择传球给①或②，①或②接球上篮攻击。

如图4-53所示，①和②也可以不进行交叉换位，直接空切入篮下进行攻击。

第四章 普林斯顿进攻战术

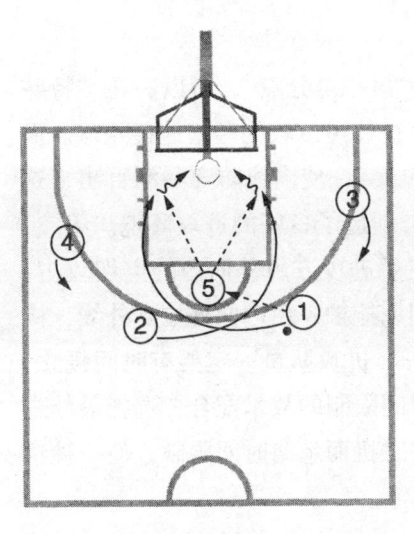

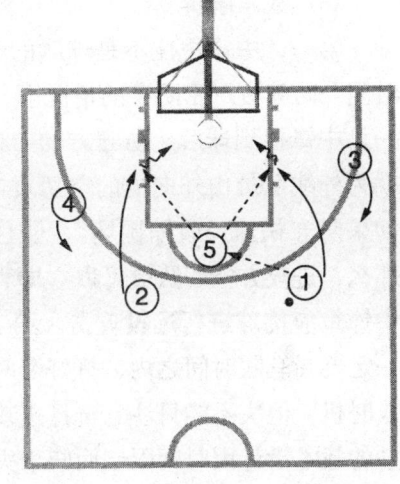

图 4-52

图 4-53

如图 4-54 所示，若⑤没能找到传球给②和①的机会，那么①和②在篮下完成一个交叉换位后利用③和④的后掩护跑出，接⑤的策应传球进行远投攻击。

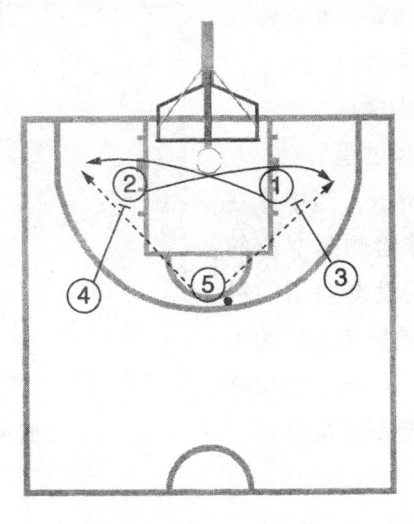

图 4-54

(3) 战术解析

第一，中锋往往不是球队的"第一得分点"，所以，在"特殊时间"防守方严密防守的情况下，往往可以较为轻松地接到球。而一旦中锋接到球后，防守方的"包夹"，使内线防守漏洞百出，这就为外线队员由外向内的空切攻击创造了良好的进攻环境。第二，如果防守快速"收缩围堵"，防住了进攻方由外向内的空切攻击，那么，进攻方空切队员可以立即利用掩护，由内向外拉到外线，接中锋策应传球进行远投攻击。第三，进攻队员一定要有时间概念，一定要在有限时间之内，打好受时间限制的战术配合，选择最佳进攻时机，但决不能只注意选择进攻时机而忽略时间限制，使一种精妙的战术设计因时间限制而归于失败。

战术 2：边路掩护突分远投的战术

(1) 场上阵容

①毕比（控球后卫）；
②克里斯蒂（攻击后卫）；
③斯托亚科维奇（小前锋）；
④韦伯（大前锋）；
⑤迪瓦茨（中锋）。

(2) 战术进行过程

如图 4-55 所示，当中锋在高位时，③传球给侧翼空位的①，如果中锋⑤没有空切的机会，则可移动至边路为持球的①做一个边路掩护。①与⑤在边路进行一个侧翼挡拆战术配合。

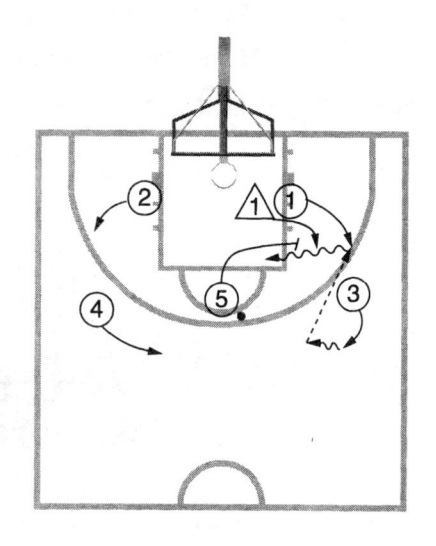

图 4-55

如图 4-56 所示，①利用⑤的掩护，运球突破，同时弱侧的③和④为投手②做双掩护，①阅读防守后把球传给摆脱防守的②，②接球后果断投篮。

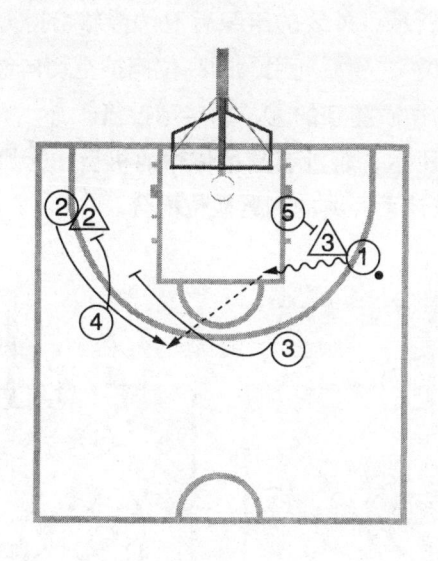

图 4-56

(3) 战术解析

第一，边路掩护由于传球角度好以及容易组织等优势，受许多 NBA 球队青睐，是许多 NBA 球队普遍采用的一种"特殊战术打法"。第二，普林斯顿进攻战术中的边路掩护主要是作为高位或低位中锋与外线球员实现联系的一种备用选择，同时，这种掩护要求掩护者有较好的投篮能力，这与普林斯顿战术对内线球员的要求一致。

战术 3：后卫高吊球攻击战术

(1) 场上阵容

①毕比（控球后卫）；　　　②克里斯蒂（攻击后卫）；

③斯托亚科维奇（小前锋）； ④韦伯（大前锋）；
⑤迪瓦茨（中锋）。

(2) 战术进行过程

如图 4-57 所示，外线的组织后卫①传球给得分后卫②，②将球传给侧翼球员④，随后利用⑤的高位掩护空切向篮下。④观察防守后高吊传球给摆脱防守的②，②接球投篮。

如图 4-58 所示，若没有高吊传球的机会，④则回传球给⑤进行普林斯顿进攻体系经典的侧翼换位配合。

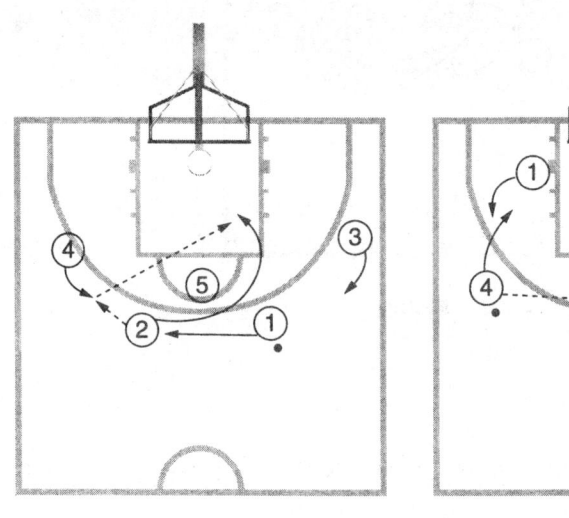

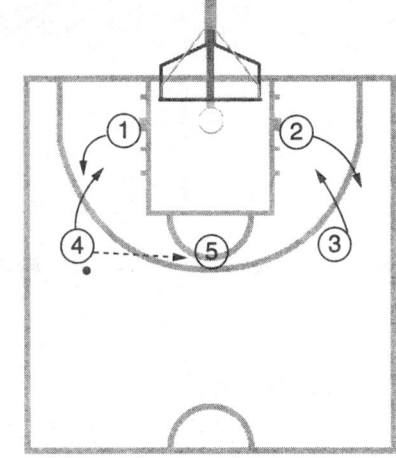

图 4-57　　　　　　　　图 4-58

(3) 战术解析

第一，这个战术设计的思路是：球在上线，吸引了防守的注意；时间迫切，迫使防守方"重在防住眼前"而忽略对进攻方计谋的识别，所以，一个简单而实用的中锋上提掩护却可以使空切队员轻松摆脱防守获得良好的攻击时机。

第二，进攻方空切的方向必须是"背向"而不是"面向"。"背向"空切可以隐蔽进攻企图，使"重在防住眼前"的防守方"忙中出错"。也正因为"这一点"才使进攻方简单的配合，获得了显著的进攻效果。

战术4：运球八字掩护

(1) 场上阵容

①毕比（控球后卫）；　　　②克里斯蒂（攻击后卫）；

③斯托亚科维奇（小前锋）；④韦伯（大前锋）；

⑤迪瓦茨（中锋）。

(2) 战术进行过程

如图 4-59 所示，这个跑八字配合是由①的运球突破发动的。①突破后发现无法直接攻击，则向外传球给④，而后者得球后借助⑤的高位掩护横向运球摆脱防守人。

如图 4-60 所示，摆脱防守者后的④可以直接运球突破攻击篮下，或者突破至三秒区附近后分球给③继续跑八字配合。

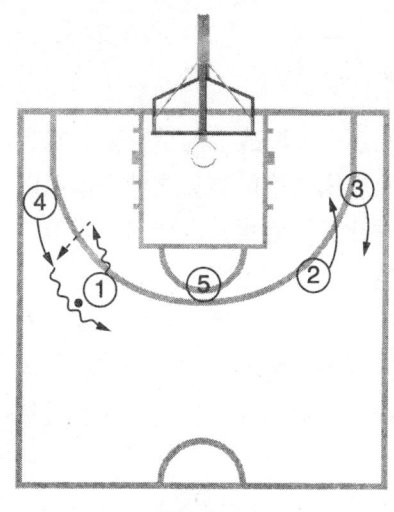

图 4-59 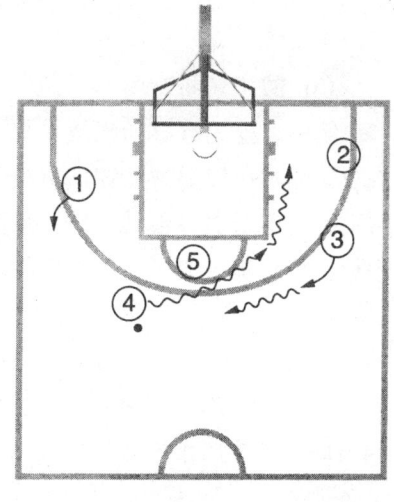　　　　　　　　　　图 4-60

如图 4-61 所示，③得球后可以选择突破上篮或传出给①继续跑八字配合。若传球线路受阻，运球者①可以传球给②，然后借助⑤的掩护背向切入篮下。

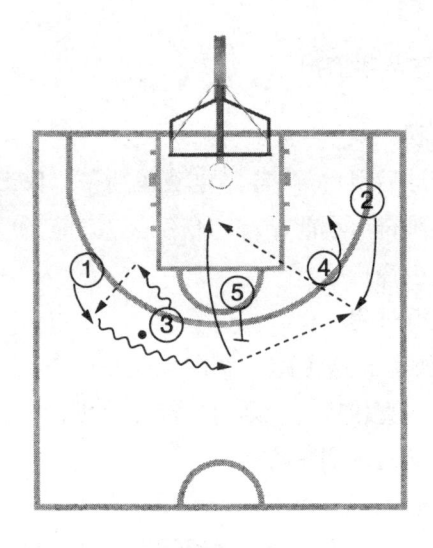

图 4-61

(3) 战术解析

第一，这是普林斯顿战术与"八字进攻"战术的结合。"八字进攻"战术可以逼迫防守球员换防而形成错位优势。这种战术可以帮助外线球员更好地转移球，从而有针对性地找到高位的进攻策应中枢，更快地过渡到普林斯顿战术的正常运转程序上来。第二，在"特殊时间"使用这种综合性战术打法，必须注意控制战术使用时间，时间短，则快速攻击，甚至在不太好的时机"强行投篮"；时间长，则可以用"八字进攻"战术控制进攻速度，把进攻过程控制到最后 1 秒才出手投篮。

战术5：隔人传球

(1) 场上阵容

①毕比（控球后卫）； ②克里斯蒂（攻击后卫）；

③斯托亚科维奇（小前锋）； ④韦伯（大前锋）；

⑤迪瓦茨（中锋）。

(2) 战术进行过程

如图4-62所示，这个战术对于对抗那些具备良好弱侧协防保护能力的防守来说是极其有效的。这个战术开始于给低位队员的传球，①传给侧翼的④，然后斜向切入弱侧底角。④把球传给已占据合理位置的⑤。

如图4-63所示，⑤得球后随即传出交给②，后者再次回传③。低位的⑤迅速回位到高位为②设立一个掩护，③阅读防守后横向传球给跑出空当的②，②此时可以直接投篮或者传给落到底角的④远投。

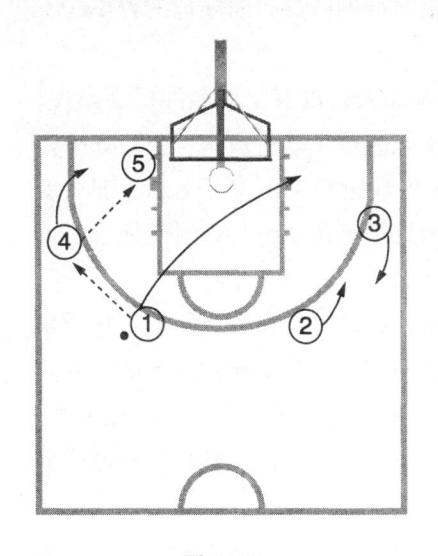

图 4-62 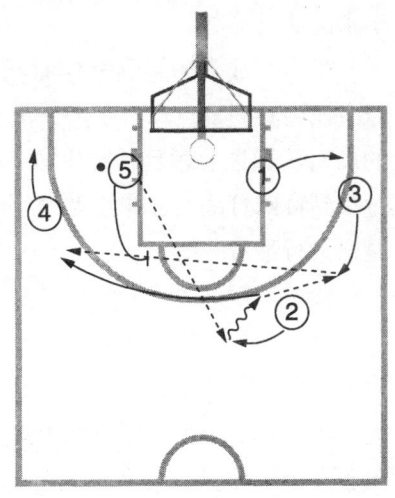　　　　　　图 4-63

(3) 战术解析

第一，在这个战术里面，借助中锋在高位横向的无球掩护，可以创造很好的远投时机。第二，在一般情况下，"特殊"战术的原则是：用最短的时间，让本队最佳攻击手在较好的投篮时机出手。所以，"特殊"战术的设计既要实用又不能过于繁复。而这个战术的程序明显过于复杂，有悖于"特殊"战术的设计原则。但是，违反"特殊"战术原则却能"出乎对手意料之外"，"出其不意，攻其不备"收到战术奇效。

六、本节结语

实施进攻战术的目的不外有三：

第一，通过战术配合制造空位进攻的机会。

第二，通过战术配合获得错位的机会，比如大打小，快打慢，体重大的队员打体重小的队员，投篮准的队员打防守范围较小防不出来的队员等等。

第三，战术运转到一定时间段如果还没有上述两种机会出现，球应该转移到重点球员手中，由重点队员主动进攻来打破攻守平衡的局面。如果上述目的在进攻24秒临近结束还没有达到，那么就过渡到特殊打法上，球在谁的手中谁就必须执行特殊时间战术，以此来进行最后一搏。

普林斯顿进攻体系的精髓是无球移动、空切和反跑。普林斯顿打法的格言是："强壮能占弱小的便宜，而聪明能占强壮的便宜。"用普林斯顿体系创始人卡里尔自己的话来说就是"在这种战术中，大个子总要从小个子那里获得球，但是，请记住，最精妙的传球是出于大个子的。"

第四章　普林斯顿进攻战术

普林斯顿战术非常灵活，它几乎能和所有类型的基础配合搭配使用，可以适应绝大部分的进攻配置。除了空切之外，大部分情况下普林斯顿战术要求进攻球员全部提到罚球线以上落位，以便使进攻区域遍布全场。这种落位形式不仅迫使防守方把防守区域扩大到整个半场，并且排除了任何弱侧协防的可能。

此种战术变化的关键在于：任何时候外围的进攻队员如果不能抓住一次接球进攻的机会，那么他的最佳机会就是利用对方防守队员"防接球"的意图，通过变向反跑切入篮下得分。

很明显，这种战术建立在进攻队员良好的视野和阅读比赛（了解防守队员的意图）的能力之上，由此选择出正确的进攻方式。此种战术已经被不断地证明，可以抵消对方队员强大的个人能力。

还有要说明的一点是，由于普林斯顿战术并非依靠固定战术套路来展开，而且可以和所有的基础配合（如传切、策应、掩护和突破分球）搭配，这就决定了很大程度上普林斯顿打法更接近于原则性打法。所以，虽然在实践中，在比赛的不同阶段，奉行普林斯顿打法的球队也大量地使用高位挡拆以及其他的常规战术来应对不同的对手，但这种打法的精髓是排斥对位一对一的。换句话说，如果不能利用这种战术来造成空位或防守错位，也就失去了这种战术的意义。

普林斯顿进攻战术往往会给对手施加很大的心理压力。普林斯顿战术作为"巨人杀手"的名声对于某些比赛很有效：当与主打普林斯顿战术的球队交手时，防守方就必须时刻在那些"永远不要漏人"的警告声中挣扎，可这些警告往往只会给球员带来更大的压力，甚至恐慌——当他们真的跟丢了自己负责的防守对象的时候。这种恐惧感和不确定性，在大多数场合中都会下意识地存在于球员的内心里。

普林斯顿进攻战术还有如下的优点：

（1）普林斯顿战术对阵一支打低节奏比赛球队时，低节奏球队的心理压力是球员感到必须少犯错误。大多数球队没有经历过每一次进攻都对比赛胜负至关重要的比赛过程。这种心理压力在比赛最后决定胜负的阶段更大，而这种心态会严重影响该球队的整体技术发挥。

（2）集中力量攻击那些防守能力偏弱的球员。同样，也要攻击那些强壮但缺乏外线防守技巧的内线球员。远离篮下会让内线防守球员很不适应，他们往往会对此不知所措，不知该如何去防守，无论从技术上还是心理上都完全没有准备。这是普林斯顿战术获得良好远投时机的主要原因。

（3）当对手采取绕前防守时，通过反跑轻松地得分会有效打击对手的士气。

（4）不断的移动不仅会给对手带来生理上的疲惫，更重要的是导致其心理和精神上的松懈，更易于发生技术或心理上的失误。

（5）在加快比赛节奏的过程中，对手希望使比赛速度加快而仓促出手投篮。这时候失误往往就会在那些为迫使比赛节奏加快而采取的不合理传球中产生了。

（6）如果不断用反跑来攻击对手，他们就会选择收缩的松动防守。而一旦他们缩小了防守区域，他们就失去了对传球路线的破坏和干扰能力，同时将对外线投手一筹莫展。

（7）当对手逐渐习惯于慢节奏的攻防速度时，他们的回防速度就会变慢并开始松懈，这时候可以突然加快比赛节奏在攻守转换阶段轻松得分。

（8）低节奏比赛对于进攻型球队或者擅长利用快速进攻得分的球员来说是很痛苦的。那些个人得分能力出众的球员面对这种节奏缓慢且沉闷的比赛时容易焦躁而失去耐性。

第四章 普林斯顿进攻战术

（9）对手在被多次转移球调动得疲于奔命后会松懈，但是实际上普林斯顿战术会充分利用任何一次可能的传切机会攻击篮筐。

（10）因为充分的耐心和团队协作，普林斯顿战术就像防守那样始终是稳固而坚定的。

第五章　结束语

综上几章所述，可以看到：

第一，任何一种 NBA 经典进攻战术都以其独特的进攻方式而存在于比赛实践之中，并以此彰显其本质特征。例如："双塔"进攻战术、三角进攻战术都以内线进攻为主，它们继承了篮球进攻传统：内线是决定胜负的生死之地，必须运用一切手段，"把球打到篮下"。显然，它们都抓住和遵循了篮球运动的规律。从而在实战中表现出强大的进攻功能。但是，同是以内线进攻为主的战术类型，"双塔"进攻战术与三角进攻战术之间却有着明显的区别，"双塔"进攻战术强调：在进攻内线必须具有两个攻击中心，以此造成对手防不胜防的局面。三角进攻战术却强调：进攻阵型始终要把主要力量以"三角"刀的形式扎向对手的心脏，这个"三角"是可以移动的，它可以根据防守的不同状况，灵活地建立在其薄弱之处，以此形成内外结合的合理攻击。而"跑轰"进攻战术与普林斯顿进攻战术都以外线进攻为主，它们似乎背离了篮球进攻传统，却更适应比赛的实际需要，它们避开凶狠、激烈的对抗，以巧取胜，用事实证明：良好的攻击环境具有与"离篮圈近"相同或相似的进攻利用价值，并且都能取得良好的攻击效果。这一"否定之否定"的思辨轨迹，不是证明篮球进攻传统的"过时"，而是在充实和弥补篮球进攻传统，让它更坚实地发展到将来。但是，同是以外线进攻为主的战术类型，"跑轰"进攻战术与普林斯顿进攻战术也有着明显的区别，"跑轰"进攻战术注重攻对手"立足未稳"，而普林斯顿进攻战术则更注重阵地进攻；"跑轰"进攻战术强调快速移动

和无球掩护获得攻击机会,而普林斯顿进攻战术则更强调通过"大个子"队员在罚球线以外策应获得攻击机会。显然,同一种进攻战术类型或非同一种进攻战术类型的进攻战术,虽然它们的攻击区域大致相同,但是它们的进攻方式与运行程序都明显不同。正因为如此,各种NBA经典进攻战术才能够以其独特的进攻方式彰显其本质特征和战术风格。

第二,尽管几种NBA经典进攻战术各以其独特的战术特点,展示着各自特有进攻风格。但是,在实战中,几乎没有一支球队仅运用一种战术应对复杂的比赛和不同类型的对手,而是在保持自己独特进攻风格的同时,不得不运用各种不同功能的进攻战术应对不同的对手和各种复杂的局面。这说明:在实战中,任何一种具有强大功能的战术,都不可能解决所有问题,只有随机应变地合理使用应该运用的战术,才可能获得理想的进攻效率。从这个意义上说,没有伟大的战术,只有伟大的战术家;没有适应所有情况的进攻方式,只有知己知彼、百战不殆的战术家。战术只有在伟大战术家的手里,才能获得伟大。

第三,正是因为战术家在比赛实践中对进攻战术理论的创造性运用,导致了进攻战术之间的有机融合:高位挡拆与普林斯顿战术有机融合,使高位进攻战术的方式更加灵活、多样;普林斯顿战术高位策应的方式也得到运球突破策应方式的补充,而使普林斯顿战术策应的方式更多样、灵活。普林斯顿战术因此而获得更强大的进攻功能。加索尔加入湖人队,带来了普林斯顿战术与三角进攻战术的有机融合,加索尔在高位的策应使三角进攻战术更灵活、多变并由此带来攻击方式更多样化。这说明:进攻体系中技术因素的增加会导致进攻体系结构的改变,并由此促进进攻体系功能变得更为强大。欧洲篮球中锋精湛的策应技术使三角进攻中策应的功能更为强大,它使运用三角进攻战术的外线攻击人员能像普林斯顿战术外线攻击人员那样轻松、自由地获得攻击机会,从而使三角进攻战术内外结合的进攻功能变得更为强大。通过快速移动和无球掩护获得灵活的外线远投时机，几乎成了所有 NBA 球队获得外线攻击机会的主要方式，"跑轰"进攻战术的精髓为几乎所有 NBA 球队所借鉴，成为它们外线进攻的主要方式。普林斯顿战术注重"大个子"策应的特点，已经成为所有 NBA 球队中锋内线进攻的一种主要技术内容，它不仅可以巧妙地避开强大的内线防守，而且可以使进攻方内外攻击结合得更加密切。

这不仅仅是各种进攻战术之间的融合，这还是世界其他地区篮球进入 NBA 后引起的一场革命性变革，它使 NBA 篮球更充分地吸收了世界其他地区篮球优秀的营养，使之变得更加繁荣和强大。并以它经典进攻的模式，影响和促进世界篮球运动的蓬勃发展。

了解了这一点，再来看 NBA 经典进攻战术，则可以清楚地看到，在实战中，任何一支球队都是根据实战情况，随机应变地、力求合理地、有选择地运用各种进攻战术。

那么，如何判断一支球队进攻体系的属性和它的进攻风格呢？尽管一支球队在实战中随机应变地选择运用各种进攻战术，但是，为了更好地发挥其具有的独特的"进攻本能"，它必须在绝大多数情况下，坚持使用最符合其进攻风格、最能发挥其整体技术功能的进攻战术。特别是在比赛的"最艰难"和"最特殊"的时刻。

参考文献

［1］ 王世安. 篮球. 北京：北京体育大学出版社，1998
［2］ 刘玉林. 现代篮球运动研究. 北京：人民体育出版社，2005
［3］ 孙民治. 篮球纵横. 北京：人民体育出版社，1996
［4］ 张志林，张华夏. 系统观念与哲学探索. 广州：中山大学出版社，2003
［5］ 陈天机，许倬云，关子尹. 系统视野与宇宙人生. 桂林：广西师范大学出版社，2004
［6］ 郭永波. 现代篮球训练法. 北京：北京体育大学出版社，2006
［7］ 孙民治. 篮球运动教程. 北京：人民体育出版社，2001
［8］ 王梅珍，白艳，张振东. 篮球基本战术. 北京：人民体育出版社，2000
［9］ 王梅珍，冷纪岚. 篮球基本技术. 北京：人民体育出版社，1999
［10］ 孙民治. 篮球运动高级教程. 北京：人民体育出版社，2000